大西 広

「人口ゼロ」の資本論

持続不可能になった資本主義

講談社+α《プラスアルファ》新書

まえがき

　このところ、日本社会には元気になるような話題がないばかりか、将来を考えれば考えるほど不安は増すばかりです。特に若者世代はこれから何十年も暮らさなければならず、高齢者を支える若者世代の減少によって将来における年金支給に信頼をおくことがどうしてもできません。

　日本経済自体も単に円ベースで停滞するだけでなく、円安まで進行するとなると一体今後、どうしたらいいのでしょうか。本書はこうした人々の不安はマルクス経済学にしか回答のできない問題であることを説明します。

　一時期、アベノミクスの時代には、短期的な経済政策をめぐってリフレ政策がよいのか駄目なのかといった問題が焦点となりましたが、そのような短期的な問題ではなく、将来に関わるもっと構造的な問題のほうがずっと大きいと私は考えていますし、実は世の多くの人々も感じているのではないでしょうか。たとえば、この不安の根本的要因である人口減といった問題にとってリフレ政策の是非なんぞ、とても小さな問題に見えるからです。

実際、2022年の日本の出生数が77万人だったという2023年6月の厚生労働省発表の報道は、100年後どう多めに見ても日本人口はその100倍の7700万人未満であるということを示しています。この77万人の全員が100歳まで生き（そこで死ぬ）、かつその後の出生減がなかったとしての最大限の予測が7700万人だからです。もちろん、この仮定は極端なものですから、実際は5000万人を下まわることになりましょう。ともかく、各種研究所の人口予測値はそういい加減なものではなく、相当に信頼されるものだということです。

本書が最も重視する「日本の危機」は少子化による人口減ですが、実は、この問題は、教育崩壊や過剰投資、国際摩擦といった問題ともきわめて深い関係を持っています。たとえば、若年労働力の縮小は日本の経済力を停滞させ、周辺途上国の急速なキャッチ・アップの下で外国人労働力への依存を難しくします。

私が毎朝通っている「松屋」の店舗従業員は全員が外国人です。こうした労働力を確保できなくなった場合、それを日本人で賄う以外に方法がなくなりますが、彼ら彼女らに代わって今後そうした労働力を担う日本人に「日本並み」の賃金を払わないとしたら、それらの人々に「途上国並み」の教育水準に落ちてもらう以外にありません。教育格差の人為的形成です。

そして、それは小学区単位で形成されている公立小学校を荒れた状態にするかもしれません。そういう状況はすでに全国に見られます。また、そうした人為的低学歴化は日本の少なくとも数分の一の人口を高等教育から排除することにつながり、人口減と相まって今後、日本の大学の多くが廃校となってしまうのではないでしょうか。これは学者・研究者の社会的受け皿となっている大学の崩壊ですから、日本全体の研究能力の喪失をも招きます。科学技術立国なんてことを話している状況ではありません。

また、この悪夢は、このシナリオの原因となっています「周辺途上国の急速なキャッチ・アップ」との対抗関係を形成するかもしれません。途上国の成長が実現せず、よって彼らの所得水準を低いままにしなければ、彼らを引き続き底辺労働力として確保し続けられないからです。

実のところ、西洋諸国はこういう歴史をたどってきました。アジア諸国が急速に発展する中、中東やアフリカの諸国がどうしてああも社会的混乱を続けているのか、そんな理由がここに関わっています。

もし日本が「周辺途上国の急速なキャッチ・アップ」に抗するような立ち位置を選択するのなら、それはそうした諸国との国際摩擦を引き起こすでしょう。日本は本来「アジアの中の日本」なのですが、どうしてもアジアの周辺諸国との関係がよくありません。その直接の原因は「領土問題」だったり、「人権問題」だったりといろいろですが、なかなか彼らとうまく折り合えない原因には、こうした問題が奥深いところにあると私は考えています。

ただし、本書はこれらの問題をマルクス経済学者の立場から論じますので、さらに根源的に、生産力としての人間の軽視が招いた諸問題として深めたいとも考えています。人間の数が減ればどういうこととなるのか、どういう打撃をこうむるのかについて、私たちは永らく無関心でいましたが、人口減はその深刻さを認識させつつあります。

また、その影響が学級崩壊や高等教育と研究開発力全般の崩壊という質的な問題にも及ぶと申し上げましたが、これらはマルクス経済学的には生産力としての人間の質的軽視の問題として理解されることとなります。

最近は政府でさえ「人間への投資」ということを主張するようになっていて、歴史の流れはやはりその方向にあるのですが、言ってはいても日本経済・日本社会の基本は全然その方向に進んでいません。後で見ますように実質賃金は30年近くも減少した上、２０２２年以降の物価上昇でさらに大きな切り下げが進行しています。

ちなみに、「賃上げが必要」との議論が、巷《ちまた》では消費需要をどう増やすかという問題として論じられていますが、マルクス経済学の議論はこうした「需要サイド」の議論ではありません。生産力としてどう人間が必要なのか、という議論ですので、まったく逆に「供給サイド」の議論をしていることになります。また、マルクス経済学では、人間軽視、生産設備偏重の資源配分を「過剰投資」といいます。本書ではこれらの理論問題もなるべくやさしく解説します。

なお、以上では人口減と教育崩壊、過剰投資、国際摩擦との関連性を述べましたが、もちろん、これらに通底する問題として格差の問題があります。これは当然のことで、いよいよ深刻化するこの問題をマルクス経済学として本書では縦横に論じますが、「格差」をあえて入れなかったのは、この問題以外にもマルクス経済学が深く関わっていること、新たに人々の関心となっている人口減、教育崩壊、国際摩擦といった問題を論じる経済学としてマルクス経済学を強調したいからです。

実際のところ、私が専門的に研究している「数理マルクス経済学」の分野では、ゲーム論や最適成長論といった近代経済学分野の優れた理論装置が多用されています。カール・マルクスやフリードリヒ・エンゲルスもこれらの成果を知ることができていたならば、と悔やまれる新規の研究成果が続々と現れ、それはそれは立派なものです。こんな風に近代経済学を評価し、私自身もその成果をどんどん活用させていただいてますので、私自身が古いスタイルのマルクス経済学者から遠ざけられてしまっている感もありますが、実のところ、そのように近代経済学と深く関わっているがゆえに近代経済学とマルクス経済学との違いに気づくことがあろうというもので、その中心はやはり歴史的視野の有無ということになろうかと思います。

実際、本書が問題として提起しています人口減などの諸問題はかなり長期の問題で、「問題だ、問題だ」と言っている政府自身にも私から見れば真剣さが欠けます。大体、政府が「少子化対策」と称しているものを内閣府のホームページで確認しても「地域少子化対策重点推進（強化）交付金」と「結婚応援のための全国フォーラム」と「結婚・子育て資金の一括贈与に係る贈与税の非課税措置」ぐらいしか書かれていませんし、「これまでの取組」として記されているものも「さんきゅうパパプロジェクト」「子育て支援パスポート事業」「家族の日・家族の週間」「子育て支援コンソーシアム」というようなもので、これで人口減が解決するとはとても思えません。

まあ、政府はただ「やってる感」を出すことにしか関心がないということです。これはこの問題が相当大きな日本の構造転換を必要とし、それに手を出せないことから来ている反応と考えざるを得ません。

しかし、こういう「やってる感」でとりあえず満足できているのはもう先がない大人たち、老人たちだけで、若者はそうゆっくりしていることはできません。私は大学で20歳前後の学生たちに、彼らが仕事のピークを迎える30～40年後を考えて生きろといつも言っていますが、彼らの老後まで考えると２０８０年頃まで見据えなければならなくなります。そして、そんな将来を意識的にか無意識的にか、若者たちが視野に入れているというのが重要です。

人口減の問題でいえば、国立社会保障・人口問題研究所が２０１７年に発表した２０８０年の中位予測は７４３０万人でしたから、現在の約３分の２です（さらに今世紀末は６０００万人を割ります）。地方は現在とも比較にならないくらいに過疎化が進行し、東京でも空き家ビルが大量に残るのでしょうか。

私が住んでいる港区の田町周辺地区には現在新しいビルが続々と建てられ、大規模な開発地域となっていますが、おそらく半世紀は持つと思われます現在建設中のビルをその半世紀後、どれほどの人々が利用し続けているのでしょうか。２０８０年の「高齢化」も激しく、この予測は65歳以上人口が38・２％を占めるとしていますが、このような人口構成でこの時、「人口は少なくても人々は元気」と言えるのでしょうか。今20歳前後の若者はこういう問題に「直面」しており、大人世代、老人世代との深刻さの違いを知らされます。

とはいえ、一般論として人口減が悪いわけではありません。一部には、１人当たり面積が増えるのだからよいではないか、地価も下がるだろうとの楽観的な考え方も存在します。ですが、このような形で「考え方の問題」として処理するあり方は思考停止でしかありません。

また、**図序-1**に示されるように、「1億3000万人の日本」から「より少ない人口の日本」に転換を遂げるというより、21世紀末になっても減少が止まらないということのほうが実は深刻です。なぜなら、無限に人口減が止まらなければ、将来人口はゼロとなってしまうからです。そして、減少が継続するということは、人口上の安定状態に至っていないということで、それは人口構成上のバランスが崩れた状態にあることを意味します。そこでは、人口構成は生産年齢人口（15〜64歳層）が比率としても減少し、結果として若者にのしかかる非生産年齢人口の負担が過多となってしまいます。

このグラフでもよく見ると、65歳以上人口の割合が継続的に増え続けていることがわかります。2015年から世紀末にかけて総人口は半分以下となりますが、65歳以上人口は半分にはなっていません。また、2015年に1600万人だった14歳以下人口も世紀末には38%の600万人へ縮むと予想されています。問題となるのは、こうした人口構成上の問題なのです。

ですから、ここで申し上げたいのは、SDGs（持続可能な開発目標）なぞを叫ぶのはいい

図 序-1　日本の将来人口推計

（中位死亡・中位出生ケース、単位1000人）

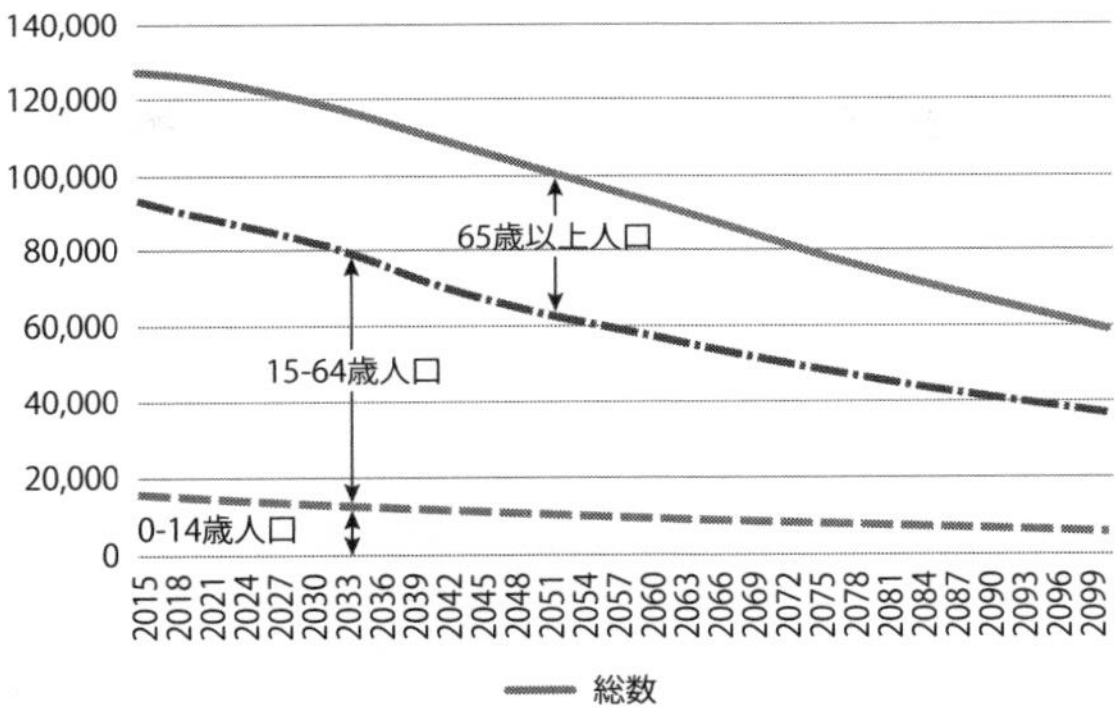

データ出所）国立社会保障・人口問題研究所ホームページより

にしても、足元の社会自体がとても「持続可能」な状態になってないんじゃないの、ということです。日本の人口が縮み、「国力」が減退しても、小さいなりに安定していれば、それはそれでひとりひとり平和で豊かな生活というのはありえます。たとえば、ヨーロッパには国は小さくとも豊かな国があります。

しかし、少なくとも、そうしてある定常な状態を維持できるためには、「合計特殊出生率」といわれる女性１人が生涯に産む子供の数が２・０７まで回復できなければなりません（これを人口置換水準といいます）。そこまで上がって初めて定常が獲得できるのだとの認識が不可欠なのですが、現実はそうなっておらず、よって「将来人口ゼロ」に向かっているのです。２０２２年の日本の合計特殊出生率は１・２６と発表されています。これはたしかに深刻な問題です。

本書はこのような問題意識から書かれますが、申し上げたいポイントは、この少子化は人々が望んでもたらしているのではない、子供をつくろうとしてもできない状態に労働者がおかれていることが原因している、ということです。

それでは皆さん、この問題をマルクス経済学は具体的にどのように考え、どのような解決策を提起しているのでしょうか。以下、少しずつ論じていきたいと思います。

「人口ゼロ」の資本論／目次

第II部 マルクス経済学の人口論

第3章 経済学は少子化問題をどのように論じているか

第4章 マルクス経済学の人口論

第5章 人口論の焦点は歴史的にも社会格差

第10章　資本主義からの脱却へ

第Ⅰ部　人口問題は貧困問題

第1章　日本人口は2080年に7400万人に縮む

地方も東京も高齢化による衰退が加速する

人口減の問題を本書で重視するのは、マルクス経済学がこの問題を重視するからだけではありません。そのような理由もありますが、その深刻さは先の「まえがき」で述べた程度にとどまりません。実際はその何倍も深刻なもので、それを表現するために、ここではやはりまず、人口減の帰結であるところの高齢化がすでに相当深刻に進行している地方の、そのまた将来予測について述べさせてもらいたいと思います。

この問題については、国立社会保障・人口問題研究所が2018年に発表した将来人口推計が地域別にも興味ある分析をしています。それによりますと、**表1-1**に示しますように、2045年に65歳以上人口が占める比率、75歳以上人口が占める比率の両方で、トップ5県のほとんどを東北地方が占めるような形となっています。とりわけ秋田県では人口の過半が高齢者ということとなります。秋田県はすでに2015年段階でその比率が33・8％に

表1-1　2045年における都道府県別高齢者人口比率のトップ５

65歳以上人口の割合（%）		75歳以上人口の割合（%）	
秋田県	50.1	秋田県	31.9
青森県	46.8	青森県	29.1
福島県	44.2	福島県	27.4
岩手県	43.2	山梨県	26.7
山形県	43.0	山形県	26.7

データ出所）国立社会保障・人口問題研究所「日本の地域別将来推計人口」（2018年）

達していますが、そのレベルと50・1%との違いも大きいと言わざるを得ません。深刻です。

人口をその人口構成比で見るとなりますと、東京のような人口の集中地区でも影響はでてきます。東京も２０２２年２月の発表ではその人口が26年ぶりに対前年を下まわりましたが、２０２１年までの人口増の結果、２０１５年に１３５２万人であった人口が２０４５年に１３６１万人となるという予測となっています。つまり、ほとんど人口は変化しません。

しかし、人口構成上の高齢化については東京でも進行し、２０１５年段階でほぼ３分の２の66%を占めた生産年齢人口（15〜64歳層）は２０４０年に60%、２０６０年に57%と減少。逆に65歳以上人口は、23%、29%、34%と増大すると予測されています。３分の１が65歳以上となると、もはや簡単には「若者の街」とは言えなくなります。

また、そうして比重を増す高齢者への対応力を東京が持っているかも問題です。厚生労働省調査では、２０１７年の人口10万人当たりの病院数で東京は全国平均の6・56を下まわる4・75となっており、病床数でも全国平均の1210床を下まわる946床となっています。これは都内の在住人口が平均して元気なことを反映している可能性もありますが、一方、75歳以上人口に限定した介護施設数、介護施設入所定員数でも東京は全国平均を下まわっています。

75歳以上人口1000人当たりの介護施設数では全国平均の13・22に対して10・92となっており、介護施設入所定員数でも全国平均の70・89に対し54・92となっています。東京の人口減が相対的に少なく、言い換えると高齢層のみで言うと2050年に向かって増え続けると予想されていますが、それにも大きな問題があることがわかります。

もちろん、こうした東京の問題は地方のそれほど決定的なものではありませんし、美術館や病院などが消えるわけではありません。少なくとも今世紀末くらいまでは世界有数の都市であり続けるのは間違いがなくても、コロナ禍の最中に居酒屋がぽつぽつと消えたような状況が進行し、人口密度の低下はそれぞれのお店の売り上げにも影響するでしょう。これを言い換えると消費力の強い若者と中堅世代の人口密度の高さが東京の強さを形成していたということです。その喪失がいかに大きいかを再認識しておきたいということになります。

世界で突出して少ない日本の年少者人口比率

表1-2　諸外国における年齢（3区分）別人口の割合

国名	年齢（3区分）別割合（%）		
	0〜14歳	15〜64歳	65歳以上
世界	25.4	65.2	9.3
日本	11.9	59.5	28.6
シンガポール	12.3	74.3	13.4
韓国	12.5	71.7	15.8
イタリア	13.0	63.7	23.3
ドイツ	14.0	64.4	21.7
スペイン	14.4	65.6	20.0
ポーランド	15.2	66.0	18.7
カナダ	15.8	66.1	18.1
スウェーデン	17.6	62.0	20.3
フランス	17.7	61.6	20.8
イギリス	17.7	63.7	18.7
中国	17.7	70.3	12.0
ロシア	18.4	66.1	15.5
アメリカ合衆国	18.4	65.0	16.6
アルゼンチン	24.4	64.2	11.4
インド	26.2	67.3	6.6
南アフリカ共和国	28.8	65.7	5.5

資料：United Nations "World Population Prospects 2019" を基に作成
注：1. ただし、諸外国は2020年の数値、日本は総務省「令和2年国勢調査」の結果（不詳補完値）による
2. 百分率は、小数点第2位を四捨五入して、小数第1位までを表示した。このため、内訳の合計が100.0％にはならない場合がある
出所）内閣府「2022年版少子化社会対策白書」p4

こうして人口減は単に数量としての人口の減少にとどまらず、内部構成上の問題も引き起こすことを説明しましたが、この後者の問題は若者が比率としても減少することを意味します。この「若者」を最も若い14歳以下に絞ってみると日本の深刻さはさらに際立ちます。**表1-2**は内閣府「2022年版少子化社会対策白書」に示されたものですが（4ページ）、日本が突出していること

がわかります。

とりわけ、ここでこうして日本が「突出」しているということは、ある意味日本以上に少子化が進んでいると言われる韓国や香港、台湾やシンガポールよりも、この「14歳以下層」の比率が少ないことをも意味します。たとえば、女性が一生に産む子供の数を基準とした合計特殊出生率（論理的に考えて少なくとも2に達しないと同じ規模の人口は維持できない）のデータで比べますと、2020年のそれは韓国の0・84、香港の0・88、台湾の0・99、シンガポールの1・10と比べ、日本の1・33は比較的マシだったのですが、今後に子供をもうける潜在的な人口層である0～14歳層や現役の15～64歳層の厚みでは、逆に日本のほうがそれら諸国（地域）より圧倒的に縮小していることがわかるからです。見かけ以上に日本が深刻であることを認識しておきたいと思います。

こうした若年層の人口比率の小ささは、その後の人口動向に限らず、彼らが「生産年齢人口」となった後での彼ら世代の老年層への各種支出の負担増という形でも生じます。「15～64歳層」と一般に定義された「生産年齢人口」1人が65歳以上を何人で支えることになるのか、14歳以下層を何人支えることになるのかを指数化した指標は、それぞれ「老年従属人口比率」、「年少従属人口比率（全人口に占める出産年齢に達する前の年少者の比率）」として計算されていますが、明治初年以降それがどう変化したのかを示した**図1－1**を見てください。

図1-1　生産年齢人口が支える従属人口の激増局面に

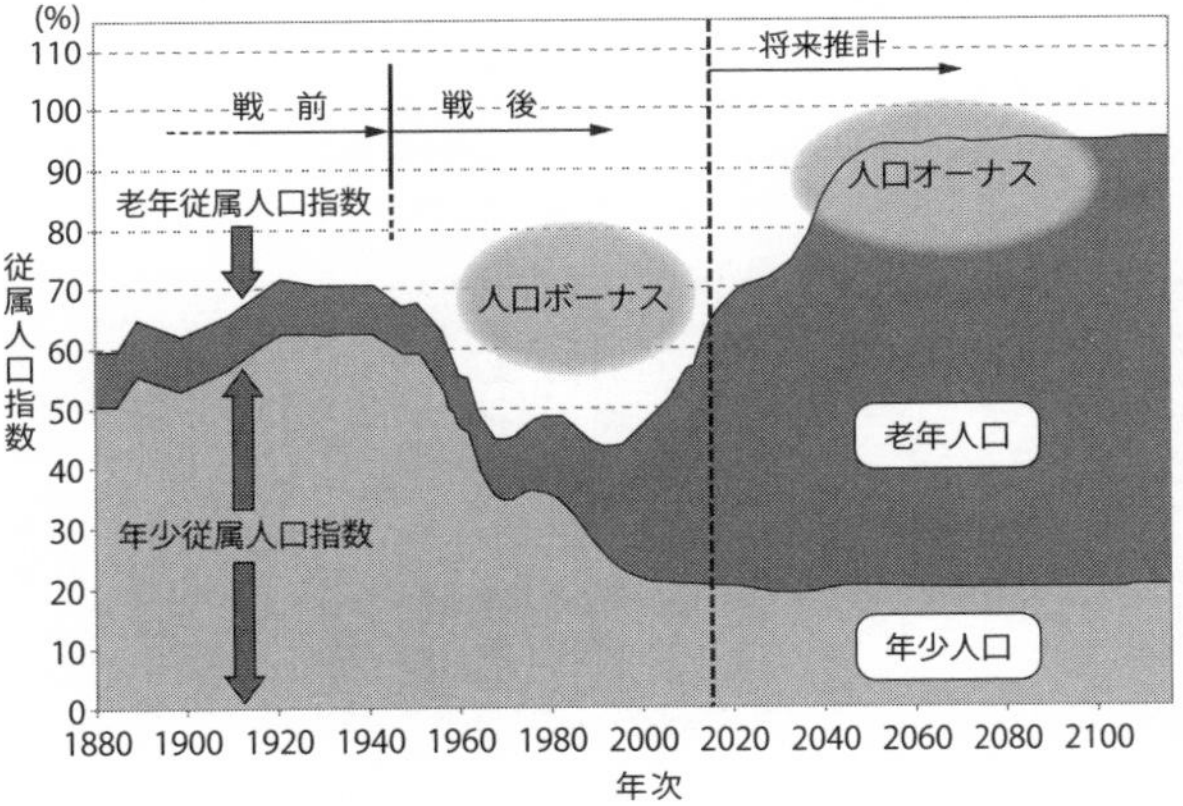

データ）総務省「国勢調査」「人口推計」、国立社会保障・人口問題研究所「日本の将来推計人口 平成29年（2017）推計」
出所）森田朗監修、国立社会保障・人口問題研究所編『日本の人口動向とこれからの社会』東京大学出版会、2017年、p21

多産であった戦前期には「年少従属人口比率」が50～60％程度であったものの、戦後期には出生率低下で「老年従属人口比率」と「年少従属人口比率」の合計でさえ40～50％程度に縮小するという「人口ボーナス」の恩恵を受けるに至ります。ですが、今後にやってくるのは老年人口比率の激増で、「老年従属人口比率」は過去の何倍にも増加。ひとりの「生産年齢人口」がほぼひとりの「従属人口」を支えなければならなくなることが示されています。若者が払った年金基金から将来ちゃんと還付を受けられるのかどうかわからないと言うのはこのためです。

ただし、残念なことに、最後にもう

図1-2　1人当たり医療費は高齢者で急増する

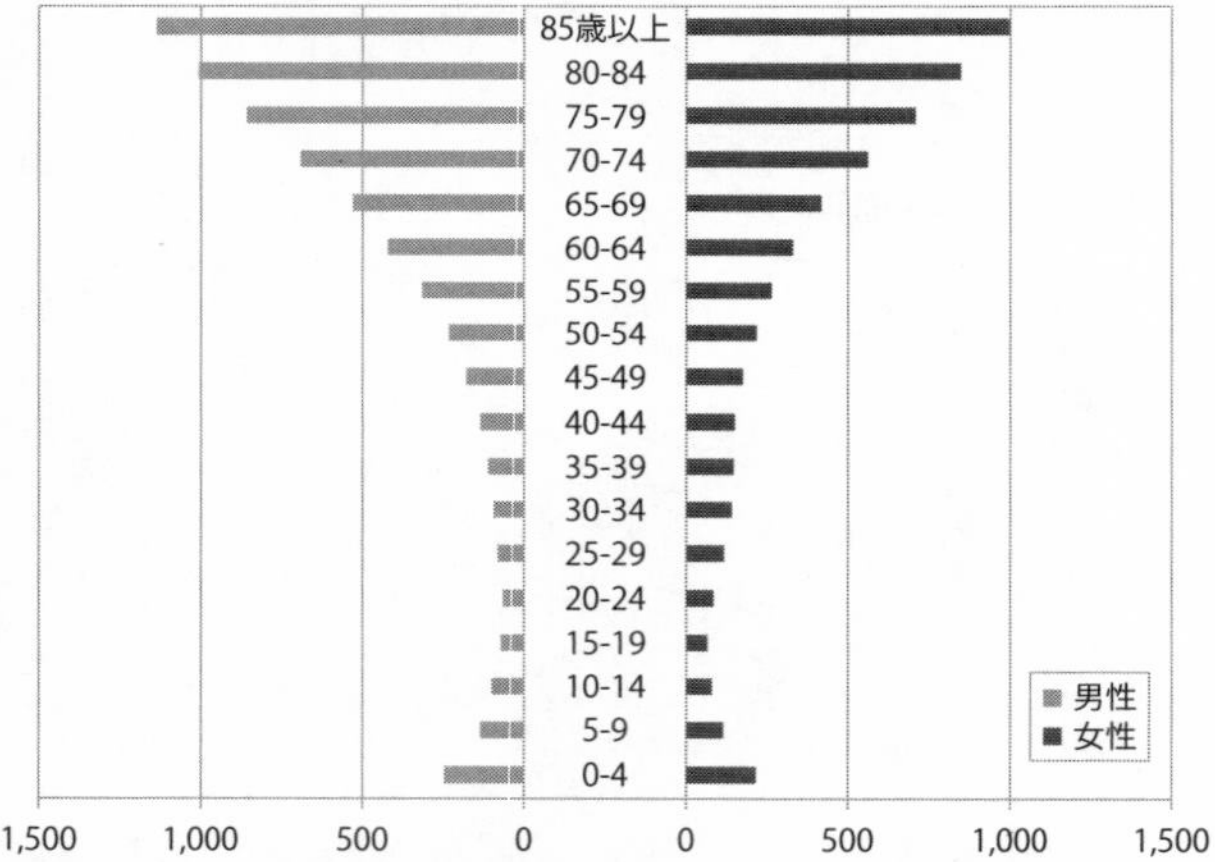

2012年度国民医療費（性・年齢階級別1人当たり医療費）（千円）
出所）厚生労働省「社会保障に係る費用の将来推計の改定について」（2012年)、森田朗監修、国立社会保障・人口問題研究所編『日本の人口動向とこれからの社会』東京大学出版会、2017年、p87

ひとつ不安な材料を追加しますと、こうした「老年従属人口比率」では表せない医療費負担の問題もあります。**図1－2**に示されていますように、高齢者になるほど医療需要が急増しているからです。男女に若干の差がありますが、大雑把に言って、1人あたり医療費は青年・壮年世代の10倍程度となっていることがわかります。

つまり、この世代が「従属人口」の70％程度（図1－1ではそうなっている）の人口を占めるようになるということは、「生産年齢人口」の1人が自分が必要とする医療費の7倍程度を負担することになります。もちろん、どの若者もいずれは高齢者になるのですから「若者が高齢者を支える」こと自体は当然のこと、強く言えば美しいことではありますが、年齢構造上のゆがみがどれだけ負担を増やすのかという問題です。

日本資本主義は子供を産み育てる世代を搾取の対象としてしか見ず、市民運動が保育所建設や教育の充実を要求しても「産業支援」にしか目を向けない一方的な政策を続けてきました。その帰結がこうして日本の将来に大きく覆いかぶさって来つつあります。日本のあり方自体を問い直すことの重要性に気づくための重要な論点だと思います。

「少子化対策」程度のことしかできない資本主義

こうして本書が「資本主義」の問題としてこの問題を論じる以上、他の資本主義国でも同じことが生じているということとなります。すでに韓国や台湾、香港やシンガポールの出生率の低さは紹介しました。ですが、これらの「小国」にとどまらず、ほぼすべての先進資本主義国で少子化問題が深刻化していることを述べざるを得ません。

再び２０２０年の合計特殊出生率データで比較しますと、イタリアの１・２４、ドイツの１・５３、イギリスの１・５８、アメリカの１・６４、スウェーデンの１・６６、フランスの１・８２となっていて、どの国も人口が再生産できていないことがわかります。アメリカなどはすでに人口のかなりの部分を白人以外が占めていますので、彼らによって出生率は上がっているはずですが、それでもこの数字というのが重要です。すべての先進国が持続可能な再生産が不可能な状況に陥っているのです。

ただし、それでも、知っておかなければならないことがあります。それは、「資本主義」の枠内でも、いくつかの「対策」を打てば多少の改善はできるということで、これはイタリアを除く上記の諸国の出生率が日本の1・33（当時）よりマシだということに表れています。実際、彼ら先進諸国が「少子化対策」において日本よりずっと真剣であることは、日本の「家族関係社会支出」の対GDP比率が他の先進諸国と比べて目立って低いことによってもわかります。

国立社会保障・人口問題研究所による社会保障費用統計（2019年度版）が独自の基準によって計算した「家族関係社会支出」の対GDP比率は、スウェーデンが3・40％、イギリスが3・24％、フランスが2・88％、ドイツが2・39％であるのに対し、日本では1・73％しかなかったからです。私たちは日本の国会中継や新聞報道を見て「異次元の少子化対策」が日本でなされつつあると誤解させられていますが、そう思わされてしまっているのは、他の諸国の「対策」を知らずにいるからです。その結果、日本の出生率は他の諸国よりも低くなってしまっているのです。

なお、この国立社会保障・人口問題研究所はアメリカのこの「家族関係社会支出」対GDP比率を0・62％と計算し、それは日本よりも低くなっていますが、これはアメリカが中南米などからの移民に強く依存し、かつまた移民後の彼らの出生率も高いために出生率に大きな関心がないことの現れです。

アメリカやヨーロッパは日本などアジア諸国と違い、移民に寛容な国であると言われていますが、中南米や中東、アフリカといった諸国からの移民なしにやっていけない国であるというのが本当のところです。これは実は、ギリシャ・ローマ以来の西洋に染みついた特徴で、このことを理解しないと西洋とは何か、東洋との違いは何かをまったく理解することができません。このことは今後の日本のあり方を考えるうえでも非常に重要ですので、国際関係との関わりを論じる本書第Ⅲ部の第9章でも論じることとします。ここではまずはこうした移民をあてにできる国でさえ、（アメリカを除いて）日本以上の「対策」をとっているということを確認しておきたいと思います。

たとえば、少子化対策の進んだ国と言われるフランスでは、3人産めば合計で3900万円にもなる家計補助（減税分も含む）や各種の公共機関の割引制度がある他、妊婦と乳幼児は社会的弱者という考え方から出産費用の無料化がおこなわれたり、出産でエネルギーを使い切らないために麻酔医の配置など無痛分娩の普及が進められたりしています。また、保育園スタッフの充実で保育園には連絡帳も運動会もないということで、保護者の負担は軽減されています。保育園以外でも母親をアシストするための保育手段が充実しており、3歳から全員が学校に行くような義務教育・学童保育制度も整えられています。これらは髙崎順子さんが2016年に出した『フランスはどう少子化を克服したか』（新潮新書）で詳しく紹介されていますが、ともかくこうして1・66まで低下した合計特殊出生率をその後、一度2・02まで戻しています。人口が減らないためには合計特殊出生率は2・07まで行かなければなりませんが、ほぼそれに近い水準まで戻せたことになります。

ですから、いかに「資本主義」ではあっても「対策」だけでもこの程度には改善できることを知っておくことも重要です。「対策」と言っても、これらの措置は本質的に「資本」ではなく労働者たる「人間」を重視する方向への志向性を持っているからです。「資本主義」の枠内の、すなわち「体制的な」転換を伴わない限界を持ちつつも、重視するに足るものであることに間違いはありません。

実際、このことは日本においてもある程度確認されています。日本の合計特殊出生率は2005年に1・26まで落ちた後、いったん2015年には1・45まで戻しているからで、これには鳩山由紀夫内閣が導入した民主党政権時の「子ども手当」の効果もあったと思われます。自公政権は民主党政権時代は真っ暗だったと喧伝していますが、そうではありません。今、「異次元の少子化対策」と言うのであれば、過去の民主党政権のこの面での努力と効果ぐらいは認めるべきだと私は思います。

ただし、もっと問題なのは、その先の問題です。民主党政権時のこうした施策によっても、１・４５までしか戻せなかったということ、そしてその後再び下降して、ほとんどボトム時に等しい１・２６にまで下がってしまったということです。

つまり、「少子化対策」というもの、その重要性の認識が重要であるにしても、それだけでは十分ではなく、不十分な改善しかもたらさないということです。民主党政権時の成果を無視し、後に述べますような格差と貧困を放っておくような「異次元の少子化対策」では、合計特殊出生率を１・４５にすら戻せないのではないでしょうか。

結局、ここでの焦点は「少子化対策」というものの効果はそれとして大きなものとは言えても、それだけで解決できるのかどうか、という問題となります。あるいは言い換えて、「資本主義」という「体制内」の問題として解決できるのかどうか、という問題となり、さらに言い換えると、搾取や貧富格差を前提とした「少子化対策」の限界を認識する、という問題となります。

そのため、次章では、結婚できない、子供をもうけられないという貧困の問題を直接に扱いたいと思います。

第2章　労働者の貧困化が人口減の根本原因

なぜ若者は結婚しないのか

ここではもう一歩踏み込み、どうして子供をつくろうとしていないのか、あるいはつくれないのかを知る必要があることになりますが、そこでの最大の問題は、端的に言って結婚自体がされなくなっていること、それが格差社会の深刻化によっていることにあります。これは日本の社会政策学界でもいまや共通認識となるに至っていることです（李蓮花「男性稼ぎ主型からの『離陸』と再生産の階層化」『週刊社会保障』第3203号、2023年1月23日）。

たとえば、その全般的な非婚化の進行については、内閣府が発行している「少子化社会対策白書」の2022年版が、29歳までに結婚する男性の比率が1990年の34・9％から2020年には27・1％に縮小し、女性の場合でも59・6％から38・6％へと「少数者化」していることをレポートしています。さらに、この数字を39歳までに延長しても、男性は80・9％から65・5％に低下、女性は92・5％から76・4％に低下することが示されています。

もはや全員が結婚する時代ではなくなり、これは人口のある比率しか結婚できなくなるという形で人口の再生産条件がそもそも崩壊しているということです。主には貧困が原因となって、結婚しない若者、できない若者の増大がここまで進行しているという問題です。

ただし、特に最後の「貧困が原因となって」との事態がお年寄りの世代にはなかなか理解されません。過去にはいかに貧乏でも誰もが結婚をしていたわけで、貧困だけでは非婚とはならないとどうしても考えてしまうからです。そして、少子化問題が議論となった時には、若者の「人生選択の多様化」という次元でのみの議論で終わることが多くなっています。彼らが「結婚しない」のではなく「結婚できない」こと、「子供を産まない」のではなく「産めない」事情がなかなか伝わっていかないのです。

ですので、このことを示すために、やはり2022年度版の「少子化社会対策白書」からいくつかのグラフと表を示したいと思います。まずは結婚しない理由を聞いた**図2-1**を見てください。やはり「結婚資金が足りない」との回答が一定数存在する上に、「仕事（学業）にうちこみたい」との回答は、仕事や学業が結婚と両立しない日本社会の構造の問題を示していると見なければなりませんし、「適当な相手にめぐり会わない」との回答も、これは単に趣味などが合う人物にめぐり会えないというより、経済的な意味で「適当」な相手がいないことを意味しているのではないかと私には見えます。

図2-1　独身でいる理由

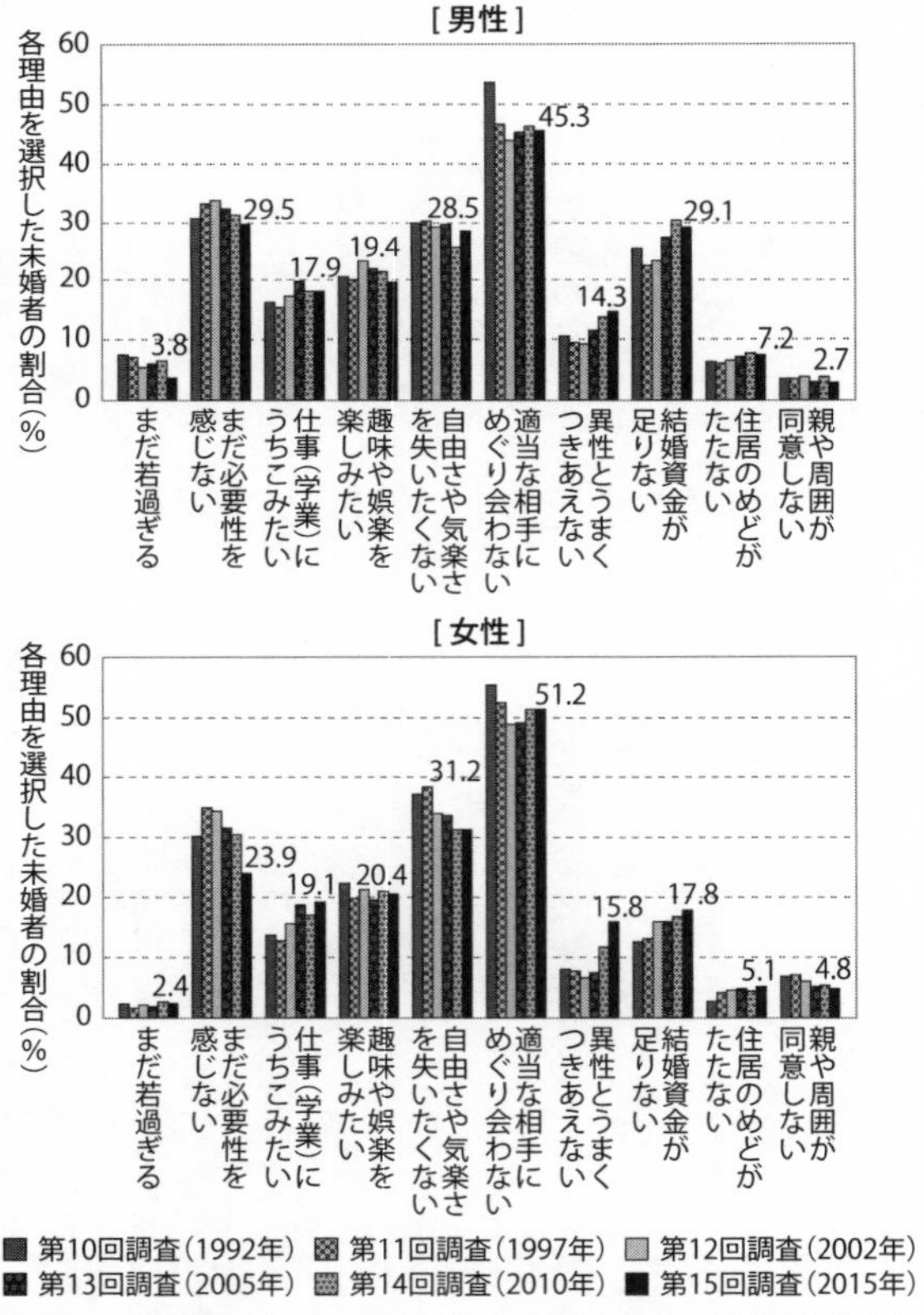

資料：国立社会保障・人口問題研究所「出生動向基本調査（独身者調査)」(2015年)

注：対象は、25～34歳の未婚者。未婚者のうち何％の人が各項目を独身にとどまっている理由（3つまで選択可）としてあげているかを示す。グラフ上の数値は第15回調査の結果

出所）内閣府「2022年版少子化社会対策白書」p16

図2-2　正規、パート、アルバイトで異なる性別有配偶率

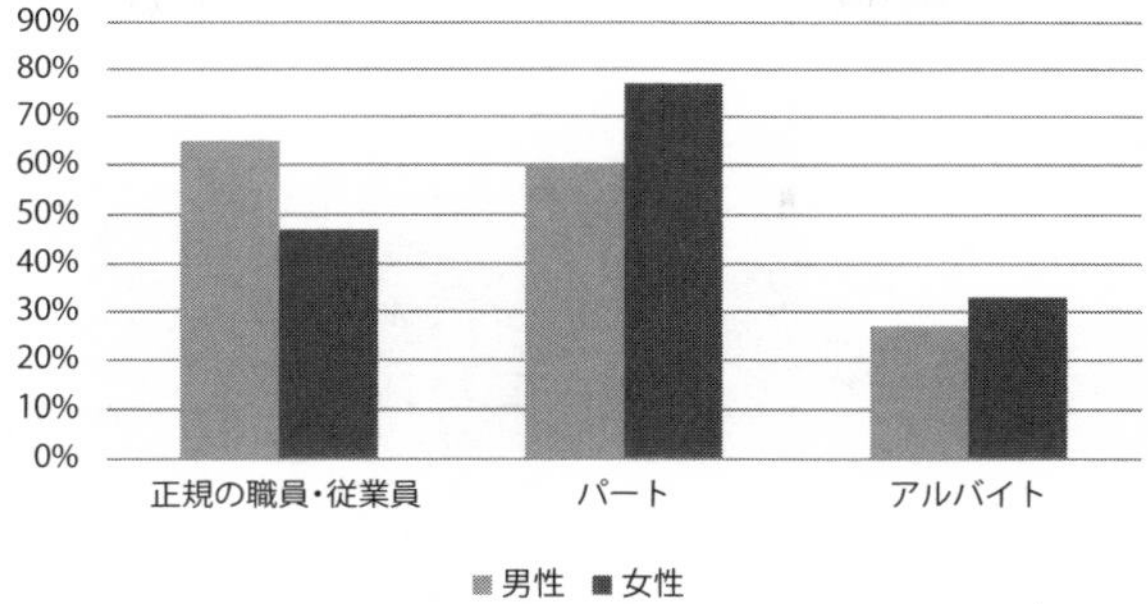

データ出所）総務省「就業構造基本調査」2017年

また、実際、そうした経済的条件が結婚の可否を決定的に決めていることは「就業構造基本調査」によっても確認することができます。まずは、労働者の就業形態、すなわち正規、パート、アルバイト別の有配偶率ですが、**図2-2**のように男性の場合、特に大きな違いがあることがわかります。つまり、正規労働者でない、とりわけアルバイトの場合は、30代前半になっても2割程度しか結婚できない（あるいは結婚が続かない）ということです。

また、このデータにはありませんが、非正規労働者にしかなれない場合、50歳時点でも男性の有配偶率が40%に満たないことが２０２０年の国勢調査によって明らかとされています。彼らは「結婚しない」のではなく「結婚できない」（あるいは「続かない」）のです。この問題を雇用問題として、つまり資本主義の労使関係の問題として論じなければならないと考えるのはこ

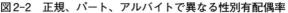

のためです。

結婚・出産は貧困への道

しかし、同時にこのグラフから読み取っておかなければならないのは、女性の場合、パート形式で働く人より、正規で働く人のほうが有配偶率が低くなっているということで、日本の「正規労働」なるものの過酷な労働実態を表しているように見えます。根強く残る性別役割分担意識の下で、男性にとって最重要なのは「稼ぎ」となる一方で、それがために早朝から夜遅くまでの長時間労働を強いられているのであれば、少なくとも子育てのライフ・ステージでは妻はパート以下の就業形態とならざるを得ないからです。ただし、アルバイトの女性の有配偶率が正規労働者より低くなってしまっているのは、そこまで低賃金となると、そもそも家庭を形成する（有配偶になる）こと自体が困難になっているからでしょう。

ともかく、こうして「正規労働」と「パート」を比べる限り、このような労働実態がある下では、子供を持つ予定のない男女は、同棲はしても「結婚」にまでは至らないのではないでしょうか。その結果、女性の有配偶率は結局、「パート」のほうが「正規従業員」のそれより高くなってしまいます。男性の有配偶率が就業形態別にはっきりと序列化されているという現象と合わせ、日本のこの面でのゆがみが象徴的に表れていると見ることができます。

図2-3-1　年収によって変わる男性の有配偶率

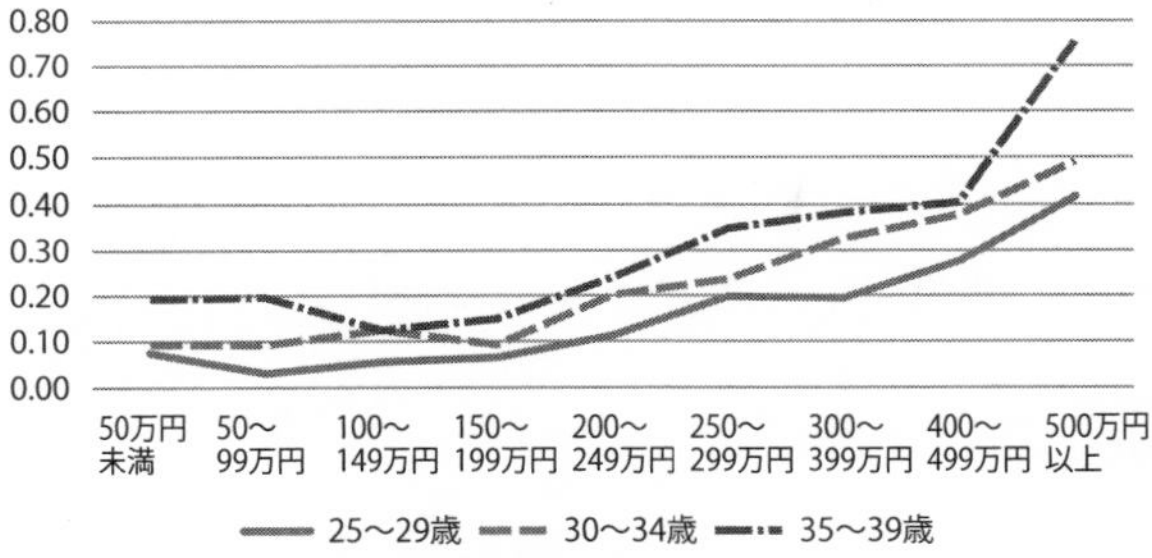

データ出所）総務省「就業構造基本調査」2017年

「就業形態別」に見た日本の特殊な貧困構造は、所得との関係でも確認できます。同じ「就業構造基本調査」から所得階級別のグラフを作ったのが図２－３の２つのグラフです。まずは**図2-3-1**で男性の場合、平均的な初婚年齢層における所得の多寡が直接に有配偶率に結びついていることがわかります。年収99万円未満の35～39歳男性の有配偶率が年収１００～２００万円層より高いのが気になりますが、それは別として、全体としてやはり、「少子化対策の前提」たる婚姻のそのまた前提たる十分な賃金が保障されていないことが確認できます。

とはいえ、ここでより注目しておかなければならないのは、**図2-3-2**の女性の有配偶率（婚姻率）で、特に年収３００万円以下の階層では所得が低いほど婚姻率が高くなっていることです。この因果関係はたぶん逆で、婚姻（ないしその先の出産）をした際に仕事を辞めなければならなくなっているからでしょう。あるいは、所

図2-3-2　結婚により自身の所得を減らさざるを得ない日本の女性

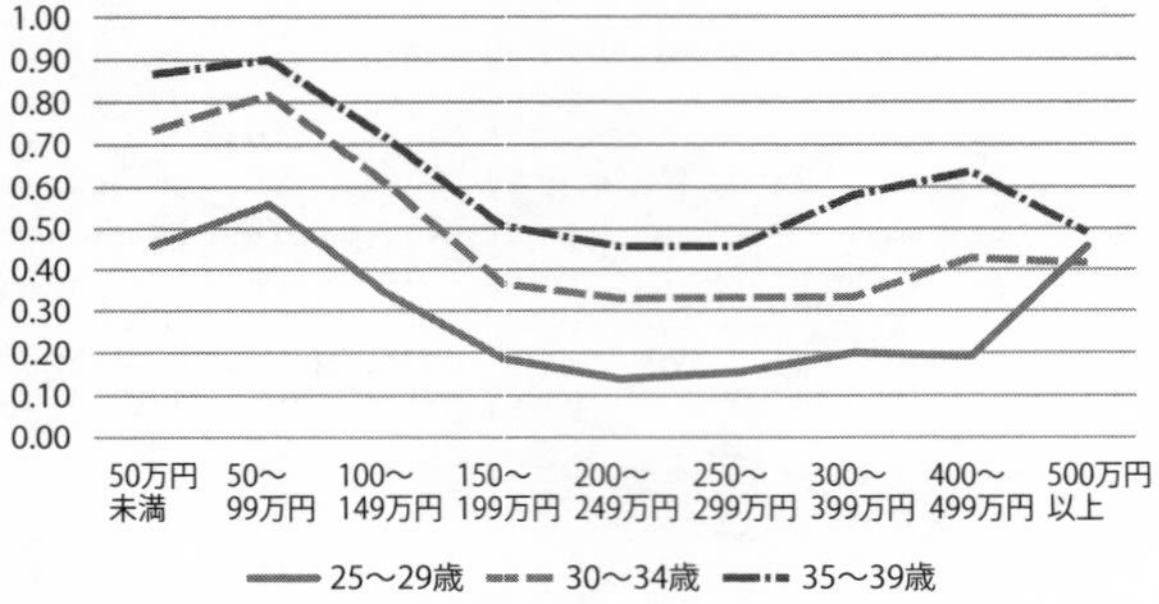

データ出所）総務省「就業構造基本調査」2017年

得が低くても結婚できる女性がいる一方で（「専業主婦」となる一部の女性たち）、働き続ければ結婚・出産にたどり着けない女性に二極分化しているとも取れます。この理解のほうが先の図２－２の理解と近いかもしれません。

このような状況下では日本の全女性が安心して子供を産み育てることはできません。ですので、これらはすべて経済的条件の不足が結婚と出産を阻害していると言えるでしょう。

「失われた30年」で「未婚化」が進む

こうした状況がここ30年ほどの現象であることを、**図２－４**で見ておきたいと思います。この図の棒グラフで描かれた未婚割合の推移を見ると、ほんの30年ほど前までは、特に男性の場合、50歳まで結婚しないということはほとんどありえない状況で

図2-4　50歳時男女別未婚割合の急増と実質賃金の推移

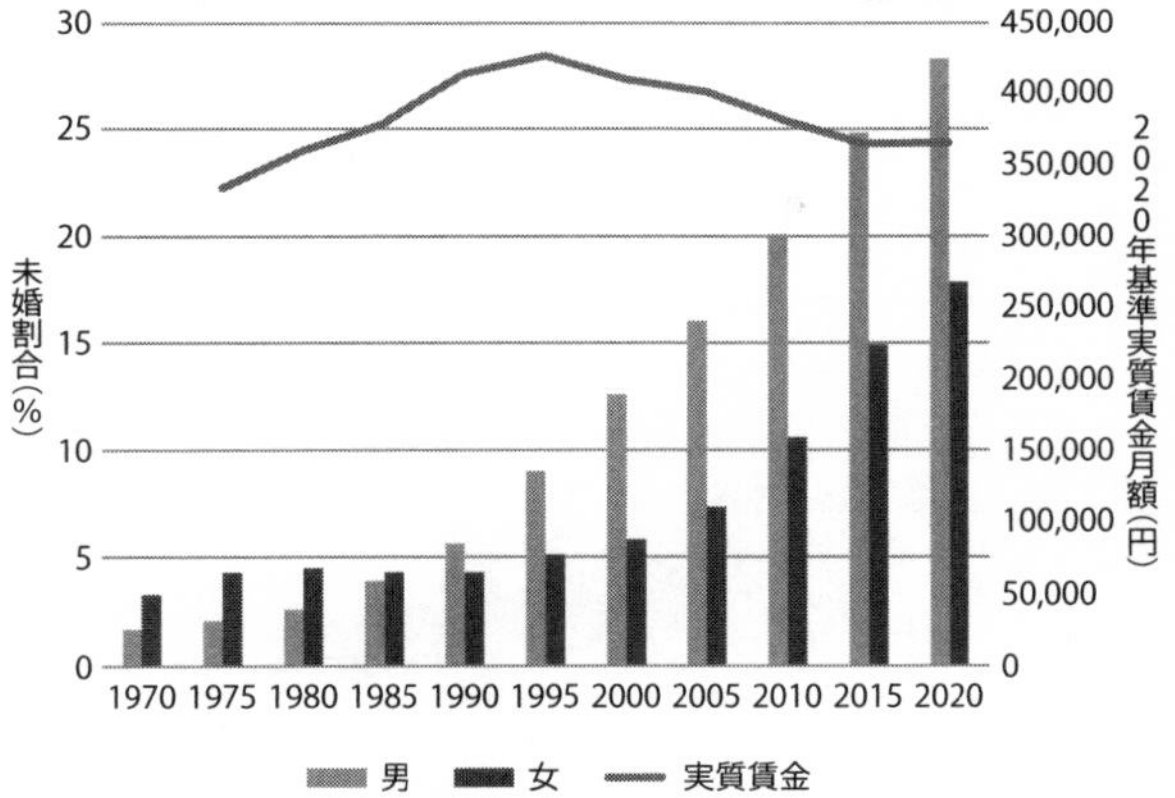

データ出所）未婚割合は内閣府「2022年版少子化社会対策白書」p12から。実質賃金は厚生労働省「毎月勤労統計調査」および総務省発表「消費者物価指数」から計算。グラフの抜け部分はデータなし

あったことがわかります。それがここにきて急速に拡がり、いまや人口の4分の1以上を占めるに至っているということです。

先にも少し言及しましたように、この現象は非正規労働者においてはさらに広がり、60％以上に至っています。問題は、この30年が1980年代末のバブル崩壊後の30年であり、言い換えれば「失われた30年」とも言われる賃金停滞から賃金減少への30年であったということです。

たしかに、この30年の初めの時期、1990年から1995年あたりまでの時期には若干の実質賃金の上昇がありましたが、主要な原因はバブル崩壊による物

価下落にあったと思われますので、その時期はその時期で失業率が上昇し、その意味での未婚化が進行したと考えられます。要するに、この30年はすべて労働者が貧困化した30年であり、その時期に未婚割合が急速に上昇したということです。

実質賃金で言えば1995年のピークから2020年に至るまでに実は16％の下落となっていますが、もちろん、私が問題としたいのは全労働者の平均的な16％の低下ではなく、この数字の裏にはもっと激しいスピードで賃金低下を被った社会階層があるということです。言うまでもなく、この期間に急増した非正規労働者がその中心ですが、彼らの多くはとても結婚などできる状況にはないのではないでしょうか。平均値でも年率0・6％の低下と計算されますが、25年も続くと16％も下がってしまっているのです。

実際、この年率0・6％というのは実感できるものではありませんし、そのために人々は暴動を起こすでもなく粛々と現体制を支持し続けてきました。ですが、それを繰り返しているうちに、大きくは変わっていないように見える人々の生活も、じりじりとした長期の変化を重ね、それが非婚化などの形で表れているということです。

少子化とは「少子化対策」といった小手先の「策」で解決できるようなものではなく、こうしたもっと根本的な労働者の生活状態の問題だというのが重要です。

この深刻さはまだこの問題にとどまりません。図2－4で見落とせないのは、男女の未婚率の乖離《かいり》がこの30年間に恐ろしく拡大しているということです。この図は「有配偶率」ではなく「未婚割合」となっていますので、一度結婚した人は省かれます。したがって、この図は女性の結婚回数より男性のそれが多いこと、もう少し言えば一部の男性が何度も結婚している可能性を示しています。

現在の婚姻制度は「重婚」を禁止していますので、これは一部の男性が結婚、離婚、結婚を繰り返していることを意味します。近年のこのギャップ＝男性未婚率と女性未婚率のギャップは10％程度ですので、男性の10％程度がこういう「階級」に着いたということでしょうか。

いずれにせよ、この程度に一部男性が時間差を伴って複数の女性を妻とするようになっているわけで、日本の伝統右翼が「家族制度を守れ」と言うのなら、この30年間のこのような状況をこそ問題としなければならないと思います。所得不足による非婚化は上述のように主に男性において生じていますので、そのことも合わせて考えれば、この30年の男性の貧困化による非婚率の上昇が、女性をして金持ちの再婚相手とならざるを得なくしているということになります。ついに正真正銘の階級社会がやって来つつあります。

この点は本書としても非常に重要ですので、後の章でまとまって再度議論することとします。

図2-5　思った数の子供をつくれない現実（%）

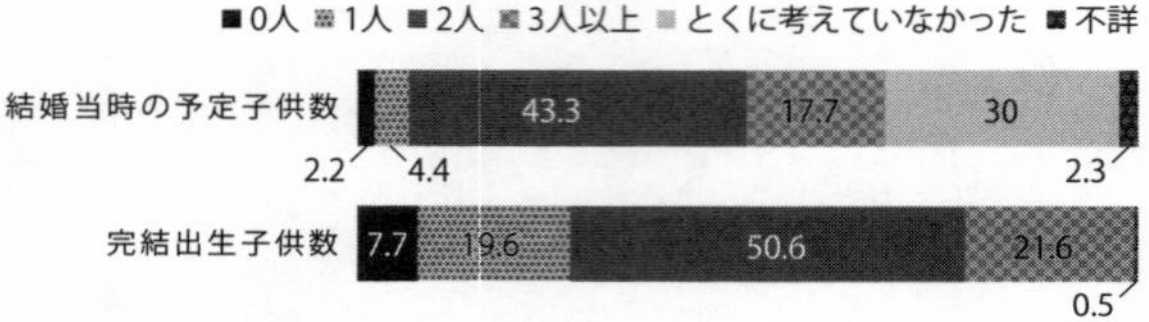

注：結婚持続期間15～19年の夫婦への質問への回答の分布
出所）国立社会保障・人口問題研究所「第16回出生動向基本調査」2021年

経済条件の不足による出産制限

以上では「婚姻率」について見ましたが、結婚したくてもできない状況は、もちろん子供をつくりたくてもつくれない状況でもあります。そして、そのことを数字で示してくれる調査をやはり国立社会保障・人口問題研究所はおこなっています。**図２－５**がそれで、これは２０２１年の調査時点で結婚後15～19年経った夫婦が、結婚当初の予定子供数をどの程度実現できていなかったかを示しています。特に重要なのは、当初は「１人以下」を予定していた夫婦が６・６％であったものの、ふたを開けてみれば27・３％の夫婦が「１人以下」しかつくれていないということです。結婚にまでたどり着いたとしても、またその先にはハードルがあるということです。

したがって、再びこの原因が問題となりますが、それについても同じ調査が明らかにしてくれます。**図２－６**に示された既婚女性の出産躊躇の理由についてのアンケート結果がそれですが、

図2-6　理想の子供数を持てない理由はやはり経済的理由が多い

理想・予定子ども数の組み合わせ別にみた、理想の子ども数を持たない理由：
第16回調査（2021年）（予定子ども数が理想子ども数を下回る夫婦）

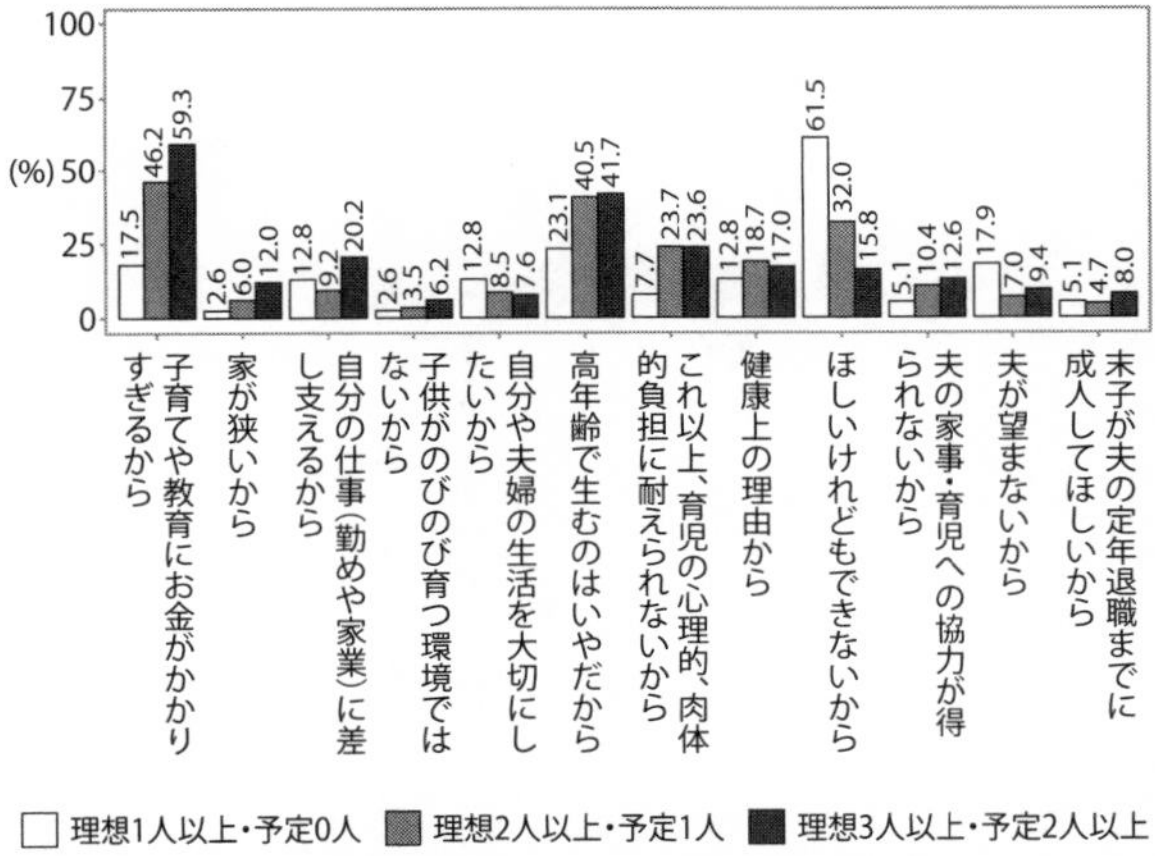

出所）国立社会保障・人口問題研究所「第16回出生動向基本調査」（2021年）
注：調査対象は、予定子供数が理想の子供数を下まわる、妻の調査時年齢50歳未満の初婚どうしの夫婦。理想・予定子供数を「不詳」とした夫婦は除かれている

断トツに高いのはやはり「子育てや教育にお金がかかりすぎるから」という経済的理由で、この傾向は若い世代ほど顕著であると言われています。

最近は、子供の7分の1が貧困といわれます（国民生活基礎調査）。こんなことだから、過去にはなかった「子供食堂」やフード・バンクのようなものが世に必要となるに至っているのですが、ともかくこうした状況では安心して子供を産めません。それがわかっているので産めないのです。

なお、ここで「子育てや教育

にお金がかかりすぎるから」との回答以外でも「家が狭いから」という回答も、もちろん「経済的理由」ですし、それが特に2人目、3人目の子供をつくれない理由となっていることもこのグラフでは示されています。そもそも、先に見ましたように、いまや「結婚できている」こと自体が、もうそれだけである程度の経済的条件の存在を示しているのですが……。

結婚・出産というハードルを越えても

ただし、こうして「結婚」「出産」というハードルを乗り越えられたとしても、あるいは、それを乗り越えられるだけの経済的条件を整えられたとしても、そこから先に子供を持つに至ることで逆に「経済的条件」が苦しくなるということがあります。図2-6で言いますと、「自分の仕事（勤めや家業）に差し支えるから」とか「これ以上、育児の心理的、肉体的負担に耐えられないから」といった回答が注目されますが、これらは理想とする子供をもうけてしまうことによって、今度は自分の生活に経済上の多大な負担のかかることを示しています。

育児の開始で必要となる0歳児保育の安価で便利な公的供給が十分でないもとで（私の住む東京都港区でも保育所では0歳児の入所は4月に限られています）、仕事を辞めるか、さもなくば高額なベビー・シッターを雇うなどが必要となります。会社に配慮があって、育児休暇を取ることができても、それは一時的にではあっても給与に響くでしょう。人々にとってはこのような形で、やはり「経済的理由」が大きな重圧となっています。

なお、この同じ事情を、育児のためになぜ仕事を辞めたのかを問う形で調べた統計もあります。厚生労働省が2018年度に委託調査をした「仕事と育児等の両立に関する実態把握のための調査研究事業」の調査で、そこでは図2-7にありますように、末子の育児を前に仕事の継続を諦めざるをえない実に数多くの事情がリストアップされています。

少なくとも女性に関する限り、仕事と育児の両立の困難さを反映した回答がほとんどを占めていると言えますが、せっかくたどり着いた仕事を育児によって辞めなければならない無念さというものはいかばかりだったでしょうか。回答の中には、たとえば「契約が終了する見込みだったため仕事を辞めた」というものもありましたが、これなども本来なら辞める必要はなかったのではないでしょうか。

なお、こうした問題が生じるのは、多くの場合、育児が女性にのみ押し付けられる形となっているからですが、そのさらに背景には「一家の稼ぎ頭」となるべく父親が家事を担うことができないくらいの長時間労働を強いられていることがあります。この日本の男性就業者の労働時間が他の先進諸国と比べていかに突出して長いかを図2-8によって示しておきたいと思います。

図2-7　末子妊娠判明当時の仕事を辞めた理由

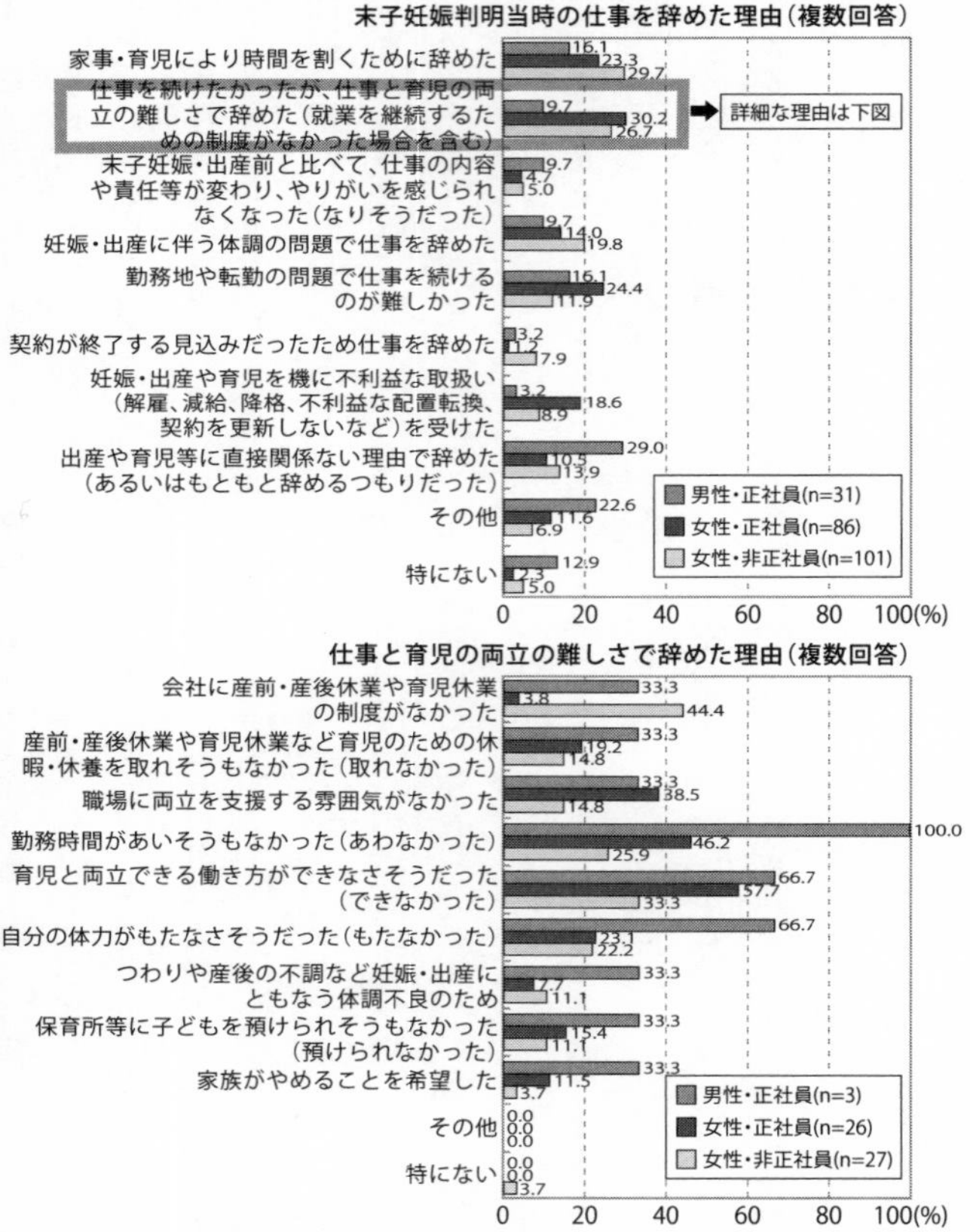

資料：厚生労働省委託調査「平成30年度　仕事と育児等の両立に関する実態把握のための調査研究事業報告書　労働者アンケート調査結果」（複数回答）（2019年）

注：1.「非正社員」は有期契約社員・職員

2.「男性・正社員」はサンプル数が限られるので参考値

3. 就労形態は末子妊娠判明当時のもの

出所）内閣府「2022年版少子化社会対策白書」p24

図2-8　週49時間以上働く長時間労働者の割合の国際比較（%）

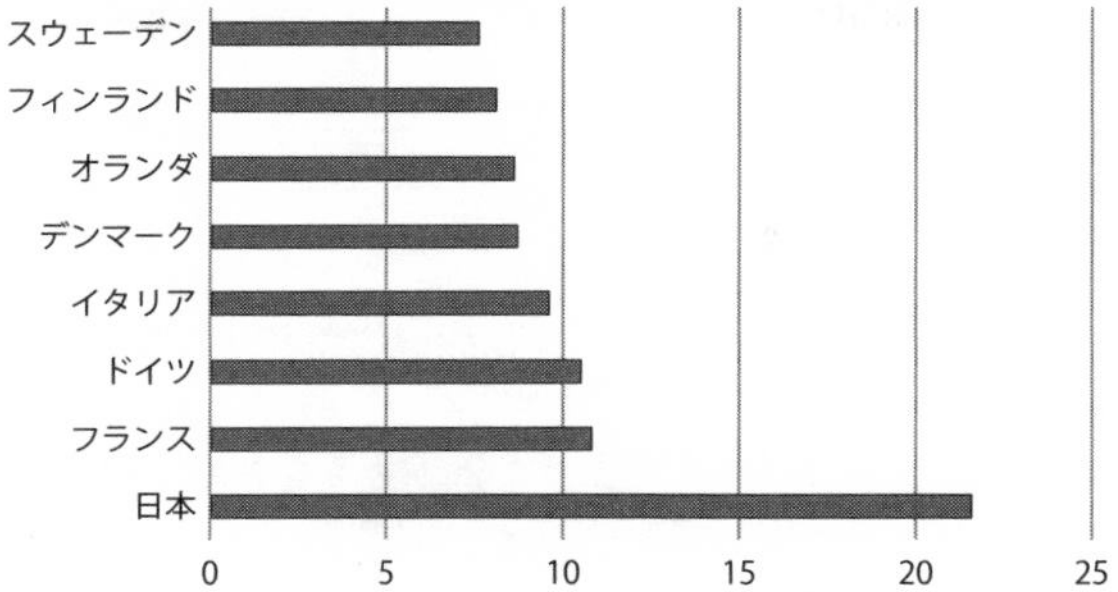

出所）総務省「労働力調査」および、ILO調査（2014年）

日本の男性労働者の5分の1以上は週49時間以上、つまり平日はほぼ10時間以上の長時間労働をしており、それはスウェーデンの3倍近くの比率となっています。少なくともこうした夫を持つ女性は子供を持とうとする場合、よほどの条件がない限り、正規の仕事に就けないのではないでしょうか。この意味では、ここでいう「経済的理由」とは労働条件に他ならないこと、それも労働者と雇い手の間の力関係に規定されたそれにすぎないことを知っておきたいと思います。

中国の少子化との決定的違い

ところで、「少子化」と言えば、ヨーロッパ諸国のそれとともに中国のそれも時々大きな話題となります。何せ、ついちょっと前まで「一人っ子政策」をしていたわけですから。ですが、実を言うと、中国の少子化と日本の少子化には大きな違いがあり、中国の場

図2-9-1　中国の出生率と高等教育進学率の推移

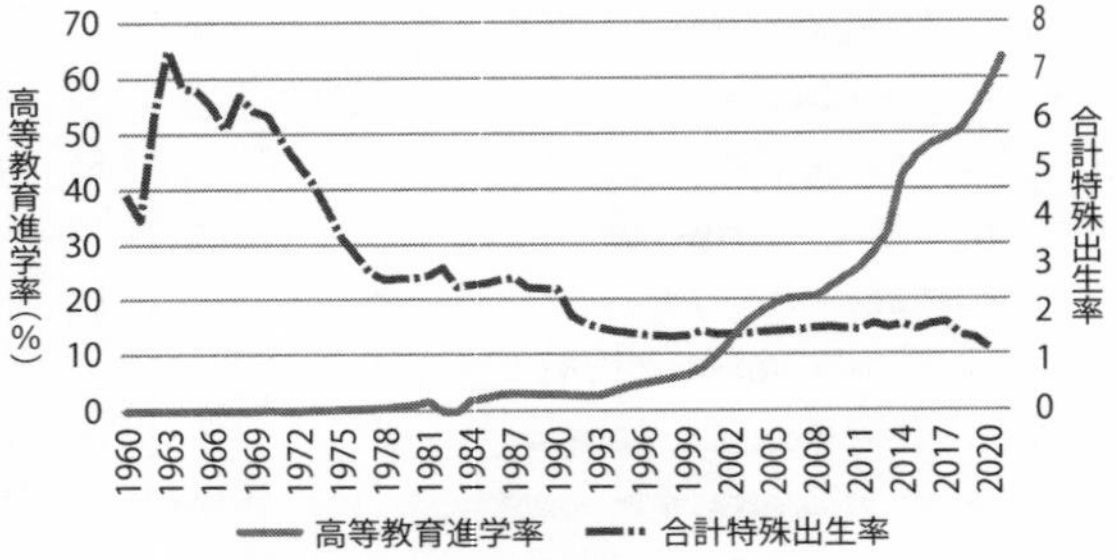

データ出所）世界銀行 公式ウェブサイト
（https://data.worldbank.org）

合はそれがもたらした「良い面」もあって、かなり対照的です。簡単に言うと、この政策によって中国では高学歴化がものすごい勢いで進み、なんといまや大学進学率が日本と同じレベルにまで達しているということです。

　そのことを見るために、まず**図2-9-1**を見てください。1970年代に「計画出産」が国家の重要な関心事となり、徐々に指導が強化された後、1980年に鄧小平《とうしょうへい》によって厳格な「一人っ子政策」が実施されたことがわかりますが、高等教育進学率がそのちょうど20年後あたりから急増していることがここでは重要です。1人しか（都市では）子供を産めなくなったために、人々はその子を「小皇帝」と言われるほどに大事にしましたが、その最も重要な帰結が高学歴化であったわけで、現在もなお急増中の高等教育（大学）進学率はもうすぐ日本を超える（！）ことになりそうです。

ちなみに中国の大学進学に性別差別はなく、2009年には女子進学者数が男子進学者数を上まわっています。こうでなければ男女合計で計算される総体としての大学進学率は日本のように頭打ちになります。ともかく、14億の人口を持つ国、ついこの間まであれだけ貧しかった国が何とここまでの変身を遂げているわけで、この変身に一人っ子政策が大きく寄与したということが重要です。

実際、中国の科学技術力の急発展はものすごく、最近はそんな話題に事欠きません。たとえば、今最も注目されているAI研究の「注目論文数」でも、すでに2021年の時点で40000本余りのアメリカに対し、中国は8000本近くを生産しています。AI研究に限らず、中国はアメリカとの激しい技術競争の真っ最中ですが、これを可能としたものこそ、この「一人っ子政策」だったことがわかります。簡単に言うと、子供の「数」の減少をカバーすべく、人々が「質」の強化に精力を集中し、ここまで変身を遂げられた、ということになります。因果関係としては、人口減⇓高学歴化となります。

しかし、次章で述べることとなります「経済学モデル」は通常、逆の因果を考えています。教育費を重要な内容とする「子育てコスト」が人々の出産数を決めるという因果関係となっていて、中国がその逆となっているということです。中国の場合、先に政策があったの

図2-9-2　日本の出生率と高等教育進学率の推移

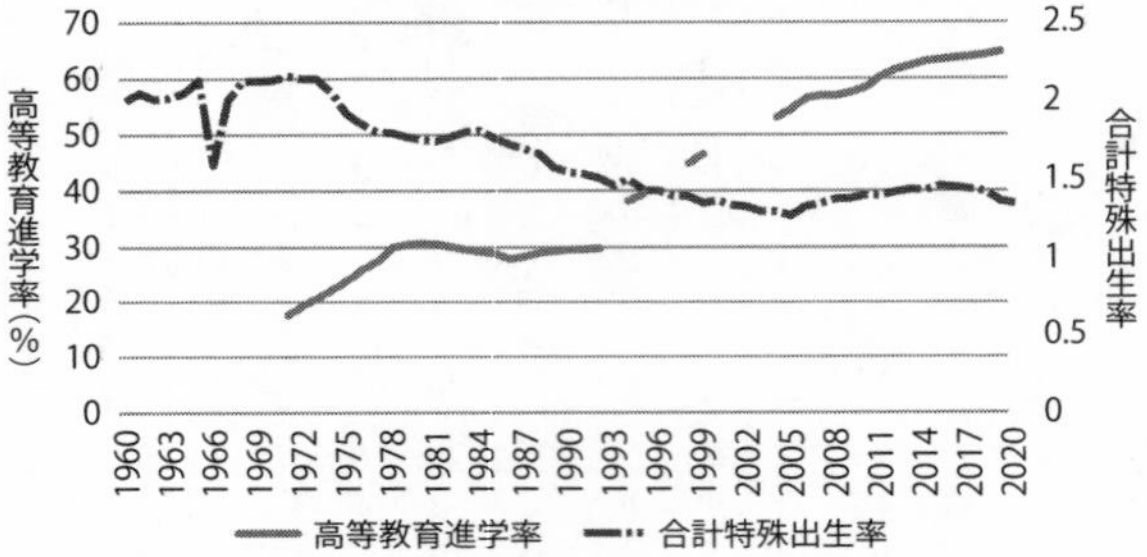

データ出所）世界銀行 公式ウェブサイト。グラフの抜け部分はデータなし
（https://data.worldbank.org）

で当たり前と言えば当たり前なのですが、ともかく、この結果、日本とも逆の因果となります。日本の場合は、金銭的、肉体的、精神的などなどの「子育てコスト」が増大する一方、所得が伸びないので子供をつくれなくなっているからです。

図2-9-2に示された日本の出生率の低下の場合は、もちろん高等教育の普及（そのために自分の子供も大学までやらねばならないとの義務感の広まり）もあったでしょうが、１９９０年代以降の低迷の原因は若者の貧困化だというのが実態です。もっと言うと、このために高等教育進学率も近年は伸び悩んでいます。子供の７分の１が貧困と言われ、「子供食堂」が必要となっている今、高等教育進学率がこれ以上上昇するのは難しいでしょう。この点でも中国との対比が気になります。

ちなみに、参考までに示しました**図2-9-3**の

図2-9-3　韓国の出生率と高等教育進学率の推移

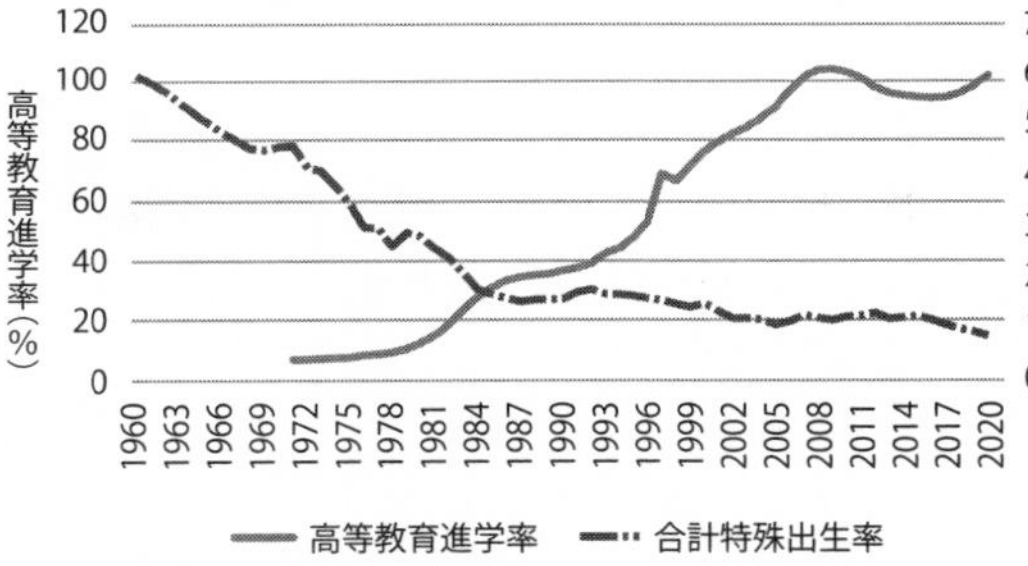

データ出所）世界銀行 公式ウェブサイト。グラフの抜け部分はデータなし（https://data.worldbank.org）

韓国のグラフでは高等教育進学率がほぼ１００%となっていることがわかります。出生率では１を割るほど極端に低い韓国ですが、その分、教育熱がものすごいということでしょうか。私の知り合いの韓国人家庭では一家の所得の半分以上が子供の教育費だと言っていました。「数」でなく、「質」で勝負している、できると考えていることになります。私はそれでも、「数」がなければどうしても社会が衰退すると考えているのですが……。

なお、この韓国の出生率の低下が子育てコストの増大によるものであるのと同様、「一人っ子政策」撤回後の最近の中国の少子化もそれが原因となっています。上述の教育コストの急増（この結果、政府はその対策に必死です）に加え、マンション価格の上昇はかなり深刻な問題となっており（この対策にも政府は必死です）、結婚や出産への決定的なブレーキとなっているからです。といっても、それで高等教育進学率が低迷するとは思えませんが……。中国の高等教育進学率は韓国のように１００％とは言えないものの、90％くらいまで行くのではないでしょうか。

第II部　マルクス経済学の人口論

第3章　経済学は少子化問題をどのように論じているか

マルクス経済学は主流派経済学と矛盾しない

第I部で見たように、結婚し子供をもうけることができるかどうかには、教育費を含む子育てコストと親の所得が大きく影響していることがわかりましたが、この関係は主流派近代経済学によっても深められています。後の章で紹介しますようにマルクス経済学は家族制度や「資本主義」といったもっと大きな枠組みでこの問題を議論しますが、各家庭の出産数が教育費を含む子育てコストと親の所得によって決められているというファクトの承認は議論の前提ですので、ここまでは近代経済学の主張と同じです。

とりわけ強調したいのは、私が開発を進めています「数理マルクス経済学」は多くの点で主流派近代経済学の成果を基礎としているもので、中でも「マルクス派最適成長論」というコアをなす成長モデルはその典型だということです。このモデルは資本主義の生成・発展・死滅を証明するために２００２年につくられたものですので、まったくマルクス経済学的な関心を研究対象としていますが、その前提となっているのは資本と労働力を生産要素とする生産関数と諸個人の通時的効用（現在ばかりでなく将来の効用をも含む全体としての効用）の最大化というきわめて近代経済学主流派＝新古典派の仮定です。これを私たちは強い信念をもって採用しています。

実際、マルクス経済学の前提となっているマルクスの唯物論は「人間は利益で行動する」というものですから、コストと所得、そして後で少し展開します「効用」の大小でさまざまな決定をおこなうという近代経済学のモデルは最もフィットが高いはずです。世間では、人々が「経済以外のもっと大切なもの」で判断し行動していると考えられがちですが、そうした「理念先行」の考え方の対極にマルクスは立っているのです。

たしかに、マルクスに関心の高い人ほど、汚職などの不正、法律違反などに強い怒りを感じ、よって「非経済的」に動いておられるのも事実なのですが、マルクス経済学自身は、「人間は利益で行動する」というファクトの認識が社会の客観的な理解にとって何よりの前提であると考えています。

したがって、本書が論じています「子供の数の選択行動」についても、やはりこの考え方で、つまり、教育費を含む子育てコストと親の所得、そしてすぐ後で説明します「子供の効用」という3者の関係をめぐるモデルで説明されることになります。以下では、近代経済学の「人口モデル」の中でも最も代表的なR・J・バローとX・サラ・イ・マーティンのモデルを最初に紹介します。巻末の参考文献リストにある有名な教科書の第9章に示されているモデルですが、後にはこのモデルをベースに少し変形をさせた、趙彤《ちょうたん》さんという徳島大学教員のモデルにも触れます。バローとサラ・イ・マーティンのモデルと異なる結論を導いているというのが重要だからです。その論文も参考文献リストに掲げますので、ご関心の向きはご参照ください。

子供が多いほど嬉しいが、1人あたりの嬉しさは減る!?

ここからはそのモデルの具体的な説明に入りますが、今あげました子育てコスト、親の所得、「子供の効用」という3つの要因のうち、最も複雑で重要なのは最後の「子供の効用」ですので、そこから説明すると次のようになります。

まずは、近代経済学は各人が子供をつくろうとするのはそこに「効用」があるからだと考え、その考えを、

諸個人の効用＝彼自身の個別的効用＋子供たちの効用

という形で表現しています。ここで「子供たちの効用」となっているところは、子供を持って嬉しいということではなく（これは後で述べるそれぞれの個別的効用とカウントされます）、その子供が生活をエンジョイする効用（子供が生活をエンジョイすると親も嬉しいという効用）のことを示しています。近代経済学はこのことを「利他的効用」と呼びます。自分以外の人物の効用も加えるから、という趣旨からです。

ただし、もちろん、それでも各人は子供よりも自分自身のほうがより大事なので、子供ひとりひとりの大事さ加減は割り引かれるような定式化をおこなっています。具体的には、子供ひとりひとりから得られる「効用」は自分自身の個別的「効用」を超えないとの制約を課した上で、かつまた子供は人数が減れば減るほど1人当たりの可愛さが増す（逆は逆）といった大人の（子供からすれば自分勝手な）愛し方を掛け合わせるというものとなっています。式にすると、

子供たちの効用＝割引因子×子供の数×子供自身の効用

となります。そして、この式を先の式に代入すると次のような式となります。

諸個人の効用＝彼自身の個別的効用＋割引因子×子供の数×子供自身の効用

ですが、よく考えますと、この右辺最後の「子供自身の効用」には、そのまた子供（最初の個人からすれば孫）の効用も含まれることとなりますから、式はさらに展開して

諸個人の効用
＝彼自身の個別的効用＋割引因子×子供の数×｛次世代自身の個別的効用＋割引因子×子供の数×次々世代自身の効用｝
＝彼自身の個別的効用＋割引因子×子供の数×［次世代自身の個別的効用＋割引因子×子供の数×｛次々世代自身の個別的効用＋割引因子×子供の数×3代先の子孫自身の効用｝］
＝彼自身の個別的効用＋……

という形で続いていくこととなります。これはシグマ記号を使って一括で表現できることとなりますが、意味は同じですのでここではこの形のままにしておきましょう。ただ、重要なのは、この冒頭の「彼自身の個別的効用」は、次に述べるような意味で子供の数とともに増

える要素と減る要素を持ちつつ、「子供たちの効用」にも彼らが大人となった時の「彼自身の個別的効用」が含まれるので、やはりそのまた子供の数とともに増える要素と減る要素が含まれている、ということです。

ですので、この定式化ではそれぞれの個別的効用（「彼自身の個別的効用」）をどう定式化するかということも重要で、これには「子供を持てて嬉しい」という先ほど申した子供の直接的「効用」を含めることが妥当です。そして、それは子供が多いほど嬉しい（効用が高い）とともに、とはいえ「子供1人当たりの効用（嬉しさ）」は少しずつ減少する（逓減《ていげん》する）とも想定されます。つまり、子供が1人から2人、3人と増えた時に効用が2倍3倍に増えるわけではなく、1・7倍、2・2倍という具合に増えるという増え方だけ理解していただければ十分です。

なお、こうして「子供を持てることの嬉しさ（効用）」とともに、もちろん、各人が自分のための消費で得ている純粋な個人的効用部分もありますので、それもまた足し合わされなければなりません。こちらのほうは普通の効用関数なので、単純ですが、この場合には「各人の消費量」が変数となって、それが増えれば増えるほどこの効用部分が増える。しかし、それもまた先と同様、2倍、3倍の消費が2倍、3倍の効用を生むわけではないので「限界効用の逓減」が生じ、よって似たような形の関数形が採用されることとなります。

そして、それらの条件を満たす関数形をそれぞれに選んだ上で、バローとサラ・イ・マーティンはそれぞれを足し合わせて、

諸個人自身の個別的効用＝「消費」による効用＋ϕ×子供を持つことの効用

の形で「諸個人自身の効用」を定式化しました。なお、ここでϕ《ファイ》は消費による効用と子供を持つことによる効用というふたつの効用のウエイトづけのための係数です。ここでは「消費」のほうのウエイトを1としていますので、ϕが1より大きければ「消費」より「子供」の効用のほうをより大きく、1より小さな場合はより小さくウエイトづけるということです。

ここでの関係を「子供の数」と最終的な「諸個人の効用」という2つの軸を持つグラフで表現すると**図3-1**のようになります。

子供の「コスト」と「メリット」

ところで、以上は親世代が子供をどのように欲するかという「効用」の次元の話でしたが、それとは別にある「子供のコスト」と、逆に彼らが生産活動に入ることによるプラスの

図3-1　子供の数を増やすと親世代自身の個別的効用は減る

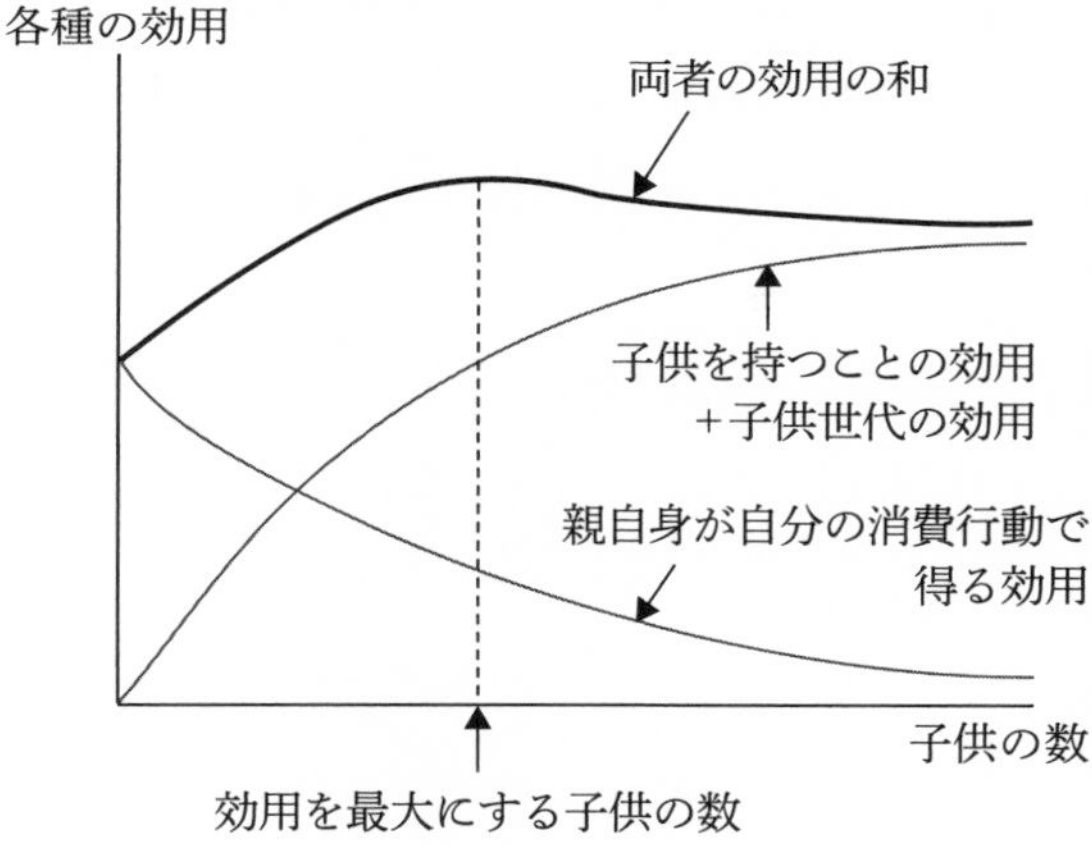

生産力効果を定式化することも重要です。バローとサラ・イ・マーティンは、経済が成長すると諸個人の所得は上がるものの、それと同じスピードで「子供の養育費（コスト）」が上昇するということで、そう簡単に子供を産めないという関係をモデルに組み込んでいるということです。この場合は、1人当たりの経済規模と完全に比例して「子供のコスト」が増えるものと想定しています。

そして、この「コスト」が増えるということは、モデルとしてはどのような影響を諸個人に与えているのでしょうか。具体的なレベルで言いますと、バローとサラ・イ・マーティンの場合には、その分、各家計が消費や投資に使う所得が減少するということになっています。

また、投資がこれによって減少すると将来において投資から受け取る利子所得や賃金所得も減ります。賃金所得にまで影響するのは、賃金は諸企業の平均的な労働生産性によって決められるものですが、その労働生産性は投資の減によって下がってしまうものだから（1人当たり資本の関数であるから）です。

ともかく、こうして、「子供のコスト」がさまざまにマイナスの影響を及ぼすとしているのが重要です。

ただし、もちろん、子供は純粋経済学的な意味でも単なる「コスト」ではありません。次世代に労働力となってマクロ経済に貢献するからで、実際、今これが不足しているからこそ「少子化対策」が叫ばれているわけです。したがって、その効果も定式化されなければなりませんが、それは資本とともに労働力を変数として生産量を説明する「コブ・ダグラス型生産関数」と言われるものによってなされます。

$$生産量＝定数×（資本投入量）^{\alpha}×（労働力投入量）^{\beta}$$

といった形を持ったもので、こうなれば、資本投入量が増えれば生産量も増え、また他方の労働力投入量が増えても生産量が増えますね。そして、その増え方がそれら変数の右肩にか

図3-2　子供の数を増やすと生産力は高まるがコストも増える

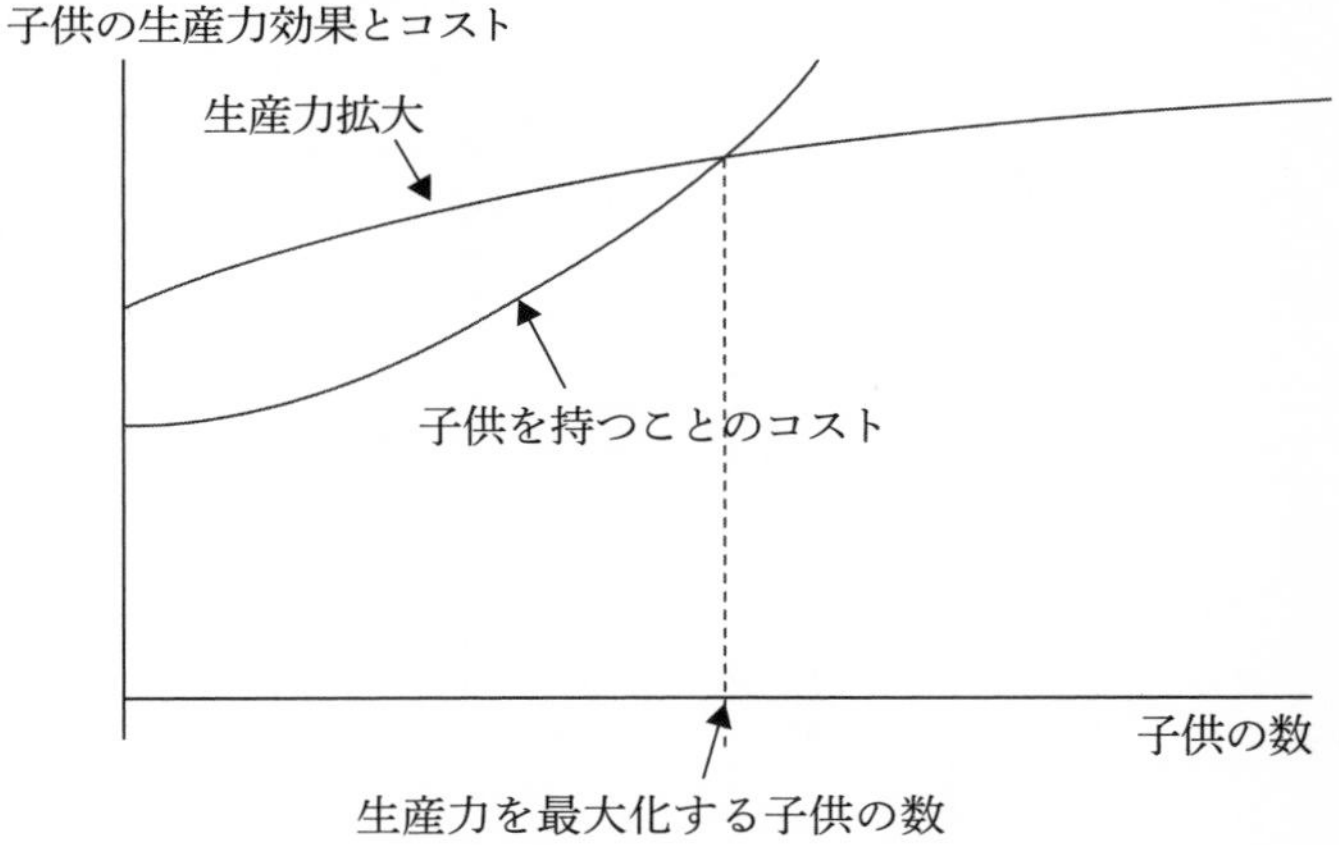

かっている「べき乗」の大きさによって決まるというわかりやすい形をとっていますので、この世界では広く使われている関数形となっています。なお、通常はこの2つのべき乗（αとβ）の数を足し合わせれば1となるという性質があり、バローとサラ・イ・マーティンの場合もそれを仮定しています。

ともかく、こうして、バローとサラ・イ・マーティンのモデルでは、子供は「コスト」であると同時に生産力としても機能することが一応ちゃんとカウントされています。つまり、この「コスト」と「メリット」の大小関係を見ながら諸個人は子供を産む数を決めることとなっています。ここでの関係も簡単にグラフにすると**図3-2**のようになります。

将来人口ゼロのショックな結論

こうして出生数を決めるさまざまな条件を設定しますと、今度はこれを前提に「モデルを解く」段に進めます。ただ、この計算はさらに複雑な「条件付き動学的最適化法」という方法を用い、その説明は本章のレベルを越えますので、ここではそれを省略させていただきます。簡単に言えば、先に示しました生産関数や所得制約の条件（投資が減れば資本が減って利子所得や賃金などが減るといった条件）などを維持しながら、これもまた先に示しました「諸個人の効用」を最大化するというもので、さまざまな変数ごとに微分をとってその解がゼロとなるような状況を探し出す、といったものです。私が慶應義塾大学で使っています教科書『マルクス経済学（第3版）』（慶應義塾大学出版会、2020年）では最後の数学付録でその方法を初心者向けに丁寧に説明していますので、ご関心のある方はぜひそちらをお読みください。

その結果、計算された結論は、バローとサラ・イ・マーティンの前述の書物の141ページで**図3-3**のようなグラフで示されています。ご覧のように、人口にはある定常な状態があるということで、それへの移行経路が示されていますが、この図では横軸zで示された変数は資本蓄積によって次第に低下するような変数となっていますので、この経路の基本

図3-3　バロー＆サラ・イ・マーティンが描いた出生率nの定常値への移行経路

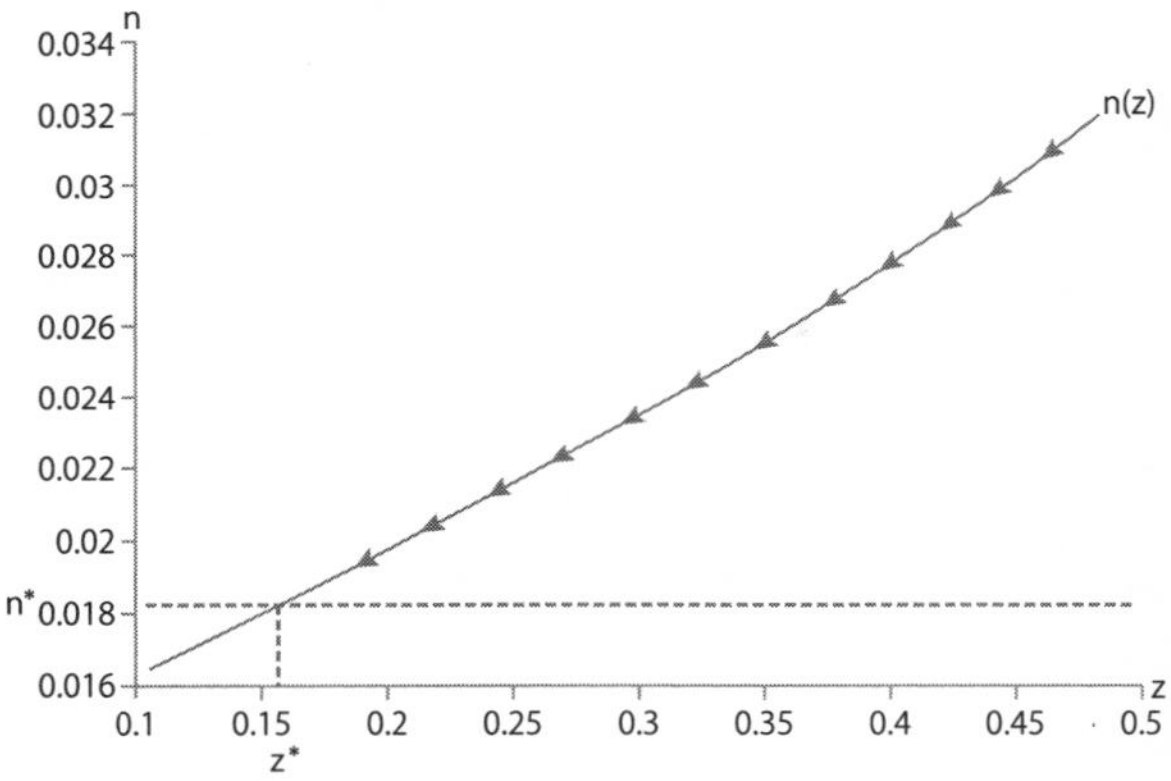

は右上から左下に向かうものとなります。そして、その最後に落ち着く左下の点（z^*、n^*）が示す点で出生率が安定するという計算結果となっています。経済学では、あるいは経済成長論という学問分野では（私を含む）学者たちはこんな計算をしています。

ただし、問題はこうして最終的に落ち着く出生率n^*が死亡率dより大きいかどうかで、この手のモデルの構成の仕方によって大きくもなり、小さくもなるということです。バローとサラ・イ・マーティンの場合はリーズナブルな（zの）範囲で、必ずdを上まわっていなければならないという結果が計算されていて、もしそうなれば人口は無限に増大し続けることになります。そうであれば現在のような人口減とはならず安心です。

ですが、現実の先進国社会の出生率はおしなべて死亡率より低いわけですから、このモデルの設定には何か問題があります。モデルは「現実が間違っている」と言うわけにはいかないからで、実のところ、これがために、この問題を解決するモデルを、先に少し紹介しました徳島大学の趙彤さんが論文に書かれています。バローとサラ・イ・マーティンのそれとモデルの基本構造は同じなのですが、それにいくつかのマイナーな変更を施すことによって定常的な人口減少状態の発生の可能性が示されたからです。

しかし、もし「近代経済学モデル」でこうした人口減少状態の「持続」が証明されるのだとすると、それは逆に現実社会にショックな結論を示すことになります。つまり、その状態の長期の持続はいつの日にか「人口ゼロ（！）」をもたらすこととなるからです。趙彤さんもそのことには気づいていませんが、この理論的帰結は重大です。

たしかに、ここでの「出生率」（単純に出生数を人口で割ったもの）は、前章までで議論の対象とした「合計特殊出生率」（1人の女性が生涯に産む平均的な子供の数）とは違います。しかし、そこで述べたことは、この「合計特殊出生率」が2・07までなければ人口が維持できない、それ未満であれば減少する、ということでして、それが永遠に続けばもちろん「将来人口ゼロ」となります。そして、実際、日本を含む先進資本主義諸国の合計特殊出生率は2・07を大幅に下まわっており、その状況をとても回復できるようには見えません。つまり、この意味で、このモデルの帰結――人口減の状態に社会がとどまり続ける可能性の存在は、現実の資本主義の真っ暗な将来の可能性を示していることになります。今後、出生率は絶対に上がらず、よって未来永劫に人口が減り続ける可能性を理論的に証明したことになるからです。

ただし、問題のバローとサラ・イ・マーティンも趙彤さんもこの深刻さについては何も言及していません。これは、私に言わせると、こうした「近代経済学」には資本主義以外の選択肢を考える思考様式がないということです。

したがって、ここから先、私たちは新たな経済学への旅をしなければなりません。マルクス経済学への旅です。

第4章　マルクス経済学の人口論

「ヒトの軽視」が生んだ人口減

本書はこれまで、まずは現象的に人口減少がもたらす将来の危機的な状況を確認し、次いでその原因を解明。そして、それを基礎に近代経済学のモデルで人口減の継続が将来に人口ゼロを招くというショッキングな結論を導きました。状況認識がさらに深刻になったとも言えますが、私として申したいのは、生産活動において人間＝人口がいかに重要かという話です。

実際、「価値」なるものが「投下労働」であるとする「労働価値説」にも、そもそもそういった考え方が貫かれています。たとえば、前章の62ページに示しました生産関数は「資本」と「労働力」という2種類のものが投入要素としてあることを示していますが、前者の「資本」も元はと言えば労働の産物ですね。

とはいえ、生産要素としての「資本」と「労働力」のうち、「資本」を重視してきたのが

「資本」主義であるというのも重要です。産業革命前、封建制の時代には「道具」しかありませんでしたので、「人間」の腕が勝負で、その意味で「人間」こそが最も重要でしたが、産業革命後に「機械」が登場すると、「人間」ではなくそちらのほうが重要となりました。

ですので、これまでの時代は、生産活動において「人間」が重要だった時代（封建時代）と、「機械」＝「資本」が重要になった時代（資本主義時代）を経験してきたことになりますが、その意味では後者に当たる資本主義時代の重点の置き方自体が今、問題となっているとも言えます。「機械」＝「資本」を大事にするのもいいですが、そのために「人間」に労働の成果を分配せずにいつづけると、ついに人口減となってしまった、という解釈です。

ともかく、本書第2章では労働者の貧困化が結婚もできず、子供ももうけられない原因であることを明らかにしました。この問題を大きな歴史の流れで見るとこうなるということです。あまりに「ヒト」を軽視し続けると、ついにはそれが減少に転じるということです。

『資本論』ではどう書かれているか

こうした「ヒト（人間）の軽視」は経済行為としては「ヒトへの分配」であるところの賃金分配の低下として現れますので、『資本論』では第1巻第4章の賃金論のところで論じられています。つまり、労働者の賃金は、①労働者自身の正常な生活状態を維持するに必要な生活手段の購入、②子供の生活手段の購入、③労働能力の養成費・教育費によって構成されなければならないと強調されており、このそれぞれは、①労働者の生命維持、②次世代労働力の量的形成、③次世代労働力の質的形成にほぼ対応します。このことは、賃金がぎりぎりまで下げられると②や③がどんどん切り詰められることを意味してしまいますので、最近の日本の教育荒廃と少子化を怖いぐらい言い当てていることになります。繰り返しとなりますが、「ヒトの軽視」は『資本論』の場合、次世代労働力の質的量的形成の失敗を招くということになります。

もちろん、この視角は『資本論』に一貫していますので、賃金の切り下げだけで起きると書かれているのではなく、労働時間の延長によっても起きると書かれています。というより、以下の引用にありますように、その問題を論じた『資本論』第1巻第8章第5節が、過剰な搾取が招く人口減に資本家階級がなぜ無頓着であるかを論じているという意味で非常に重要です。引用させていただきますと、

「経験は、……賢明な観察者には、歴史的に言えばやっと昨日始まったばかりの資本主義的生産がどんなに速くどんなに深く人民の力を生命の根源で損なってしまったかを示しており、どんなに工業人口の衰退がただ農村からの自然発生的な生命要素の不断の吸収によ

ってのみ緩慢化されるかを示しており、そしてまた、どんなに農村労働者さえもが、自由な空気にもかかわらず、また、最強の個体だけを栄えさせるという彼らのあいだであんなに全能的に支配している自然淘汰の原則にもかかわらず、すでに衰弱しはじめているかを示している。自分をとり巻く労働者世代の苦悩を否認するためのあんなに『十分な理由』をもっている資本が、人類の将来の退化や結局どうしても止められない人口減少の予想によって、自分の実際の運動をどれだけ決定されるかということは、ちょうど、地球が太陽に落下するかも知れないということによって、どれだけそれが決定されるかというようなものである。どんな株式投資の場合でも、いつかは雷が落ちるにちがいないということは、だれでも知っているのであるが、しかし、だれもが望んでいるのは、自分が黄金の雨を受けとめて安全な所に運んでから雷が隣人の頭に落ちるということである。われ亡きあとに洪水はきたれ！　これがすべての資本家、すべての資本家国家の標語なのである。だから、資本は、労働者の健康や寿命には、社会によって顧慮を強制されないかぎり、顧慮を払わないのである」（『資本論』第1巻第8章第5節、マルクス＝エンゲルス全集版352〜353ページ、ディーツ版285ページ、訳語は一部修正）

ここにはいくつかの非常に重要な内容が書かれていますが、とはいえ、皮肉や過剰に文学的な表現が使われており、難解です。そこで、私の言葉でまず、この内容を次のように書き換えたいと思います。

「社会を賢明に観察することができれば、農業社会の胎内で開始された工業資本主義は強搾取によってその工業労働者人口の再生産を阻害し、人口減を招くが、農村からの人口の補充によって続いている。ただし、屈強な体をもっているはずの農村労働者もまた強搾取によって衰退させられている。しかし、搾取の合理化に余念のない資本家階級はまったくこうした人口減の問題に関心がない。この問題の存在はわかってはいても、人口減の問題が顕在化するには時間がかかるので、その問題が起きる前に自分は逃げ切れると考えている。したがって、この問題への対処には社会的な強制が必要となる」

いかがでしょう。だいぶわかりやすくなったと思います。ここでの人口減は子供の出生と養育ではなく、働いている労働者自身の短命化としてのみ議論されているのですが、強搾取が人口減を招くと言っているという意味では相通ずる議論だと思います。先に述べたように「賃金」には①や②や③の内容が含まれるのですが、①にまで影響する賃金の切り下げがあれば、②や③にも影響するのは当然のことで、現在の日本でもまさにそれが起こっているからです。

なお、こうした人口減の問題をマルクス経済学者として研究なさっている岐阜経済大学名誉教授の青柳和身さんは、『資本論』のこのくだりに注目されるとともに、他方ではマルクスが「貧困は生殖にはつごうがよいように思われる」というアダム・スミスの言葉を肯定的に引用している『資本論』第1巻第23章の言葉（マルクス＝エンゲルス全集版838ページ、ディーツ版672ページ）を引用して、『資本論』の論理に「内的矛盾」があると述べられています（『マルクス晩年の歴史認識と21世紀社会主義』桜井書店、2021年、第1章）。この「貧乏人の子だくさん」状況は実際に見られる現象でもあるので、たしかにそのとおりですが、私自身は先のマルクスの叙述と矛盾したものとは考えていません。

と言いますのは、前章の経済学モデルで明確化しましたように、大人たちがもうける子供の数は、彼らの所得とともに子供にかかる教育費（養育費）にもよっており、「搾取」自体は前者の「所得」を決めますが、他方、社会の全般的な貧困が子供の標準的な教育費（養育費）水準を切り下げ、それが多産に帰結するということも十分にありうるからです。つまり、ここで問題となっているのは教育費の問題なのです。

教育費高騰で少子化は不可避か

もちろん、だからといって、現在の日本の人口減をこの方法（低学歴化）によって「解決」しても仕方ありません。というより、私に言わせると、近代経済学のモデルでは、教育というものが次代の生産力を形成するという視点がやはり弱いと強く感じます。

たとえば、前章で紹介したモデルでも、子供の養育費は1人当たり資本の蓄積に伴って歴史的に増大するという仮定を導入していましたが、教育費をその主要な内容とする養育費の増大は家計の圧迫要因＝資本蓄積の阻害要因としては定式化されていても、それが人間労働力の質的向上を通じて総生産を拡大するという因果関係は表現されていません。

また、「モデル」ですから、そうした効果を具体的に反映したモデルの作成も可能ですが、これまでの近代経済学モデルは、どうしても人口減を必然的なものと肯定的に見るがために、この効果を無視したものとなっていました。そして、その結果、そうした人口減が帰結する長期の恐ろしい事態（人口ゼロへの道！）に考えが及んでいないと思われます。

さらに、こうした問題意識のままでいられるのには、「不足すれば移民でカバー」という安易な西洋的感覚も（近代経済学はやはり欧米的なので移民依存体質がどこかに染みついているようです）あるのかもしれません。ついでに言いますと、途上国をこのようにしか扱わない、見ないという態度は後の第Ⅲ部でも述べますが、途上国に対するある種の偏見、蔑視に基づいています。「貧乏人の子だくさん」という言葉はその典型です。

ともかく、ここで申し上げたいのは、本章冒頭でも述べた「ヒトの軽視」が生産力発展に及ぼす否定的な影響をどれだけ深く認識できるかという問題です。少し違《たが》えて言えば、現代経済においては逆に「ヒト」こそが重要となっているのではないかとの見方とも言えます。

実際、今、多くの労働者は「知恵」を絞ることこそが最も重要な「業務」になっているのではないでしょうか。つまり、その「知恵」が浮かぶ、そうした内在的な力を労働者につけさせることなく、企業は発展できなくなっています。つまり、「教育コスト」を広くとった時、それを投下することこそが現代経済では生産的となっているということです。

この問題は、前章62ページで示しました生産関数の2つの投入要素をともに質を含んだものに再解釈し、次のように書き換えることによってクリアーにできるように思われます。

$$\text{生産量} = \text{定数} \times (\text{質を考慮した生産設備の使用量})^{\alpha} \times (\text{質を考慮した労働力の投入量})^{\beta}$$

この時、利潤率や賃金として企業と労働者に分配されなければならない金額はそれぞれ、

利潤率＝「質を考慮した生産設備」の限界生産性

賃金＝「質を考慮した労働力」の限界生産性

とならなければなりませんが、現代経済では後者が上昇しているのですから、当然、賃金が上げられなくてはなりません。１９９５年以降の日本では先に見ましたように16％も実質賃金が下げられており、日本はまったく逆のことをしていることになります。これでは日本経済が改善するはずがありません。

生産条件の根本的変化に対応できていない資本主義

なお、上の新しい生産関数を使用する場合、今述べました「『質を考慮した労働力』の限界生産性の上昇」という状況はβの上昇を意味することとなります。つまり、この生産関数で投入されています「質を考慮した生産設備」と「質を考慮した労働力」の生産における重要度の比率はαとβの比率として表現されていて、前者がより重要であればαが相対的に大きくなり、逆に後者がより重要であればβが相対的に大きくなります。実際、私の研究グループが開発をしてきました「マルクス派最適成長モデル」という経済成長モデルでは、産業革命による機械の重要性の飛躍的拡大をαのジャンプとして表現しました。

もっと言いますとこうなります。封建制の徒弟制工房システムでは、各職人に2倍3倍の道具を与えても何の生産力の拡大効果もありませんので、このαは数学的にゼロであったと想定されます（ゼロ以外のどんな数のゼロ乗も1というのが数学の公式ですので）。しかし、産業革命後に機械設備の保有量が生産にとって最重要なものとなってからは、このαは意味ある大きさになります。この変化が産業革命では急激に起きるので、数学的には「ジャンプ」として処理されることとなりますが、それはともかく、こうして、2種類の投入要素、「資本」と「労働」のどちらが重要かはαとβの比率によって直接に表されているということです。整理して示します。

産業革命前	αはゼロ	大きなβ
産業革命後	←　大きなα	←　相対的に小さなβ
現代	←　相対的に小さなα	←　大きなβ

実のところ、前章で生産関数を説明しました際に「通常はαとβの合計が1」と付記しま

したので、これを前提とすると一般にαが大きくなればβは小さくなり、逆は逆という関係が存在します。ですので、「相対的に小さなβ」、「相対的に小さなα」というのは、何の遠慮もなく「小さなβ」、「小さなα」と書いてもいいものです。これは、一般に、ふたつの生産要素がともに倍化した時、生産量も倍加するという条件を表していて、「規模に関する収穫一定」と経済学では表現しています。この条件が存在するとき、αの上昇は必ずβを縮小させ、逆にβの上昇はαを縮小させるからです。まあ、あまりこだわるほどの論点ではありませんが……。

ともかく、ここで私が述べていることは、生産条件という根本的なところで時代が大きく変化しているということです。産業革命前は封建制度がある条件によってもたらされ、産業革命後にはこの条件の変化によって資本主義が打ち立てられなければならなかった。ですが、その後にまたまったく新しい生産条件が現れつつあり、先進国はそれへの対応を迫られているが、できていない。その証拠が人口減である、という解釈となります。

つまり、人口減は封建制や資本主義、それを乗り越えた社会という非常に大きな枠組みで論じられるべき問題ということで、これがこの問題を「マルクス経済学」のみが扱えるとしている理由です。こうした枠組みを近代経済学は持ちあわせていないからです。

ちなみに、この理解の前提としての「封建制」と「資本主義」の理解は、私がまだ大学院を出て30歳になったかならなかったかの頃に到達したものです。当時はまだ旧ソ連や東欧の「社会主義」が崩壊する前でしたが、それをマルクス的な歴史観でどう理解すべきかを考えた結果、それらはきわめて「機械制大工業的な社会」であり、「ポスト資本主義」たる「社会主義」でも何でもない（つまり一種の「資本主義」である）との議論としてこの説を展開しました。「資本主義」か「社会主義」かといった問題は生産力の性格から議論されなければならないとのマルクス唯物史観の原則の再認識を謳ったもので、それを主張した「生産力の歴史的性格について」という私の論文は、１９９１年に発行された『経済理論学会年報』第28集に査読を受けた上で掲載されるに至っています。

それまでの私は基本的に「経済統計学」ないし「計量経済学」の領域でしか活動をしていませんでしたが、この論文をもって「マルクス経済学理論」の領域に入りました。その後の「マルクス派最適成長モデル」の数多《あまた》の研究成果もこの基礎の上のものですが、ともかくそうした記念碑的論文のコアたる考え方が本書で紹介している考え方であるということです。

さらに言いますと、こうして「現代社会では再び人間の生産力のほうが重要になっている」との考え方は、私の場合、自分自身の大学での労働組合運動の経験にも直接関わっています。最初に就職をした立命館大学、続いて勤めた京都大学、そして最後の慶應義塾大学を通じて私は労働組合運動に関わりましたが、とりわけ「資本の論理」の働きやすい私立大学における「資本」と「ヒト」への資金配分の問題、つまりどちらを重視するかという問題は労働組合運動の最大の関心事です。特に慶應義塾大学時代、当局との団体交渉で、大学というもの、重要なのは校舎ではなくヒトであると主張し続けました。

もちろん、校舎が綺麗になるのも重要ですが、その校舎で「ヒト」が教える授業内容のほうがもっと重要です。この意味で、大学など教育機関はそもそも歴史的に一歩先んじた産業分野であると考えることもできます。ともかく、ここで争った「校舎なのか賃金なのか」といった問題を本質的一般的な次元で表現し直すと「資本なのかヒトなのか」という問題となります。ここで論じている問題を個々の経営レベルで論じると、このような問題となるのです。

「再生産」という観点の重要性

ここで一度中間的にこれまでの議論を総括しますと、少子化=人口減の問題が「資本」と「ヒト」の重点選択の問題であるということ、そしてそれを現代社会の持続可能性の問題として議論しようということになります。実際、この問題は途上国には存在しなくとも、先進国段階となって初めて深刻化している問題です。言い換えますと、この資本主義も途上国段階では有効な、つまり正当な社会経済システムとしてあったものが、先進国段階となってその正当性を失いつつある、ということになります。

マルクスの歴史観は、いかなる社会システムもある時期には正当なものであっても、必ずいつかはその賞味期限が切れる、新たなシステムに転換されなければならない、というものですから、資本主義を一般的に否定しているわけではありません。先にαとβの関係を論じたところも、ある段階（αが大きな段階）での資本主義の正当性を主張するものでしたね。

ですが、いまや先進国では人口減となり、この状況が続く限り将来人口はゼロ（！）となります。これは先進国段階では資本主義システムが持続可能性を喪失してしまっているということ、つまり、資本主義の正当性を失ってしまっていることを示しています。

実は、人口の増減がそれぞれの体制の正当性を決めているとの主張は古田隆彦さんという方によってもなされていまして、その総括的なグラフをここでも**図4-1**として示しました。人類史を5つに分類したこのグラフはわかりやすく、わかりやすくするため、縦軸が5段階ごとに調整されていますが、その分だけ非常にわかりやすく、これまでのどの生産システムもそれが限界に達した時に人口減となっていることが示されます。

我々が暮らすこの「資本主義」も今世紀末には先進国での人口減が途上国の人口増を上まわり、総人口がピークアウトするのではないでしょうか。私の考えでは、そこでは資本主義が全人類的にも正当性を失うことになります。ともかく、こうして人口の帰趨《きすう》に生産様式の

図4-1　人口停滞・減少で終わった人類史の各段階

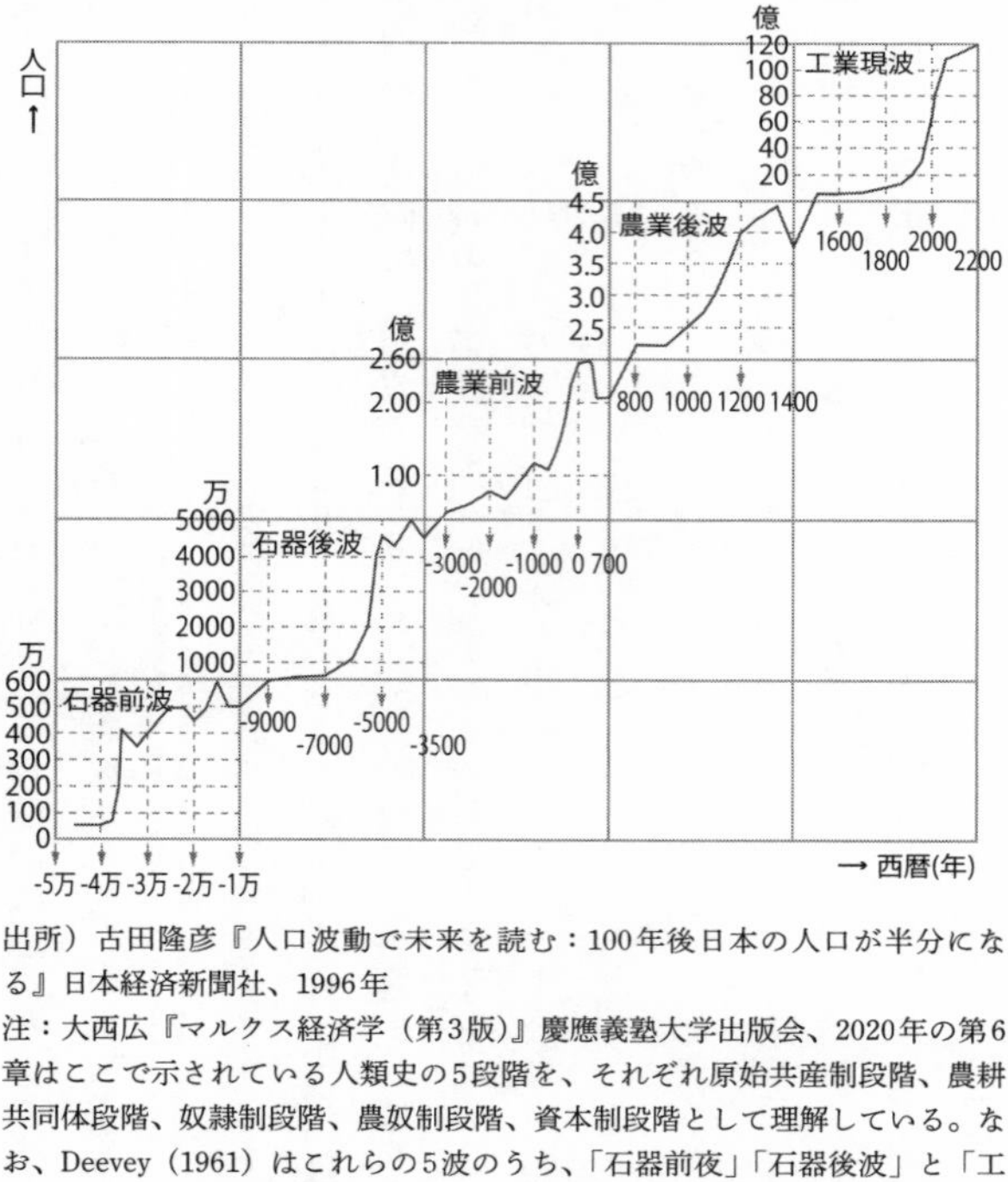

出所）古田隆彦『人口波動で未来を読む：100年後日本の人口が半分になる』日本経済新聞社、1996年

注：大西広『マルクス経済学（第3版）』慶應義塾大学出版会、2020年の第6章はここで示されている人類史の5段階を、それぞれ原始共産制段階、農耕共同体段階、奴隷制段階、農奴制段階、資本制段階として理解している。なお、Deevey（1961）はこれらの5波のうち、「石器前夜」「石器後波」と「工業現波」に対応する道具使用の開始、農業の開始と産業革命を特に重視している

歴史的正当性の存否が直接に表現されているということです。

マルクス経済学は諸社会の非常に重要な評価基準として「持続可能性」というものを据えていたのですが、それをマルクス経済学が「再生産」という概念で確立していたことも重要です。生産活動は一度スムーズにおこなわれるだけでは駄目で、生産、販売の後に再び生産活動を持続的におこなうことができなければ、その社会は「持続可能」ではありません。特に、ここでは「生産」が持続するだけではなくて、「資本主義」という制度で再生産されるためには、資本家が資本家として、そして労働者が労働者としてつねに現れつづけなければなりません。そうしないと資本賃労働関係が持続しないからです。

実際、この視点は『資本論』で非常に重視されているもので、そのために資本家が自分は働くことなく事業を継続させられるだけの資金を持ち続けること、そして労働者が資産を貯めて労働者の地位から脱出することのないことを最も強調しました。特に後者は勃興期の資本主義としては重要でした。実際には蓄財によって資本家に上昇する労働者も大量に現れたからです。このことは、最近まで高成長を続けていました中国で新興の資本家が大規模に発生したことから想像できるはずです。

ですが、こうして雇用される以外に生きていけない労働者の継続的発生のためには、そもそも労働者人口が減少してしまってはなりませんし、実際にマルクス自身はこうした人口減の問題も先の『資本論』の引用部分で重視していました。産業革命後の全般的人口増の時代にこの心配が深刻でなかったことも事実ですが、ここで申したいのは、それでもその問題をしっかりと措定《そてい》していたということ、今マルクスの知らない人口減の時代となって、その問題がいよいよ深刻化しているということです。

この問題の基本視角たる社会システムの「再生産」という視点がすでに『資本論』で提起されていたというのが重要です。

関連して述べますと、この「再生産」という言葉は英語でreproductionと表現されますが、これが人口維持＝生殖の訳語でもあることは意味深です。マルクスの場合は、人口維持＝生殖のみを「再生産」の条件としているわけではありませんが、たしかに考えれば考えるほど、人口維持＝生殖は社会にとって最も重要な条件であったことに今私たちは気づかされました。

世間では今、ＳＤＧｓが大きな話題となっていますが、sustainableというのであれば、人口もちゃんと再生産できなければなりません。それもできずにsustainableなになにと語っているというのは実際どういうことなのかと思ってしまいます。そして、ほとんどのヨーロッパ諸国もいまや人口減なので、これは先に述べましたように資本主義の賞味期限切れを示しているように思えてなりません。途上国を見下したりして自分たちの優位性の幻想に浸かるのはそろそろこれぐらいにして、もっと自分たちの欠陥こそを正面から捉え返す必要があるのではないでしょうか。

民族主義とマルクス主義との接点

こうして「人口維持」の問題を前面に掲げて思考をめぐらすと、私は私自身、いつの間に「民族主義者」になってしまったのかと驚くことがあります。もちろん、私はマルクス主義者ですので、コスモポリタンとして（このことをマルクス主義では「インターナショナリスト」といいます）、民族を超えたグローバルな付き合いを相当深くおこなっています。世界のマルクス経済学者は「World Association for Political Economy（日本語訳は「世界政治経済学会」）」という組織をつくって世界的な交流をしていますが、私はその組織の設立メンバーでもあり、現役の副会長でもあるからです。ですが、この人口減の問題を考えるに及んで、「資本主義の危機」が「民族の危機」でもあるということを知らされました。

日本人口が将来にゼロとなるということは、たとえば日本語も消える！ということです。そうなれば、たとえば2000年の歴史で蓄えた日本文学も消えます。そんなことでいいのか！とコスモポリタンの私でも考えてしまうのです。

ここには「個人の利益」、「企業の個別利益」を超えてものを考えるべき領域が拡がっていまして、実はこのことは先の『資本論』の引用の最後のところでも書かれていました。個別の資本は社会的な人口減によるダメージは考慮しない。いずれそのダメージが来てもその「洪水」は「われ亡きあとにきたれ！」だからです。「われ亡きあとに洪水はきたれ！」という「標語」はこういう意味だったんですね。マルクスの主張は端から端まで大変重要な含意に満ちています。

ただし、だからこそ少しここで考えてみたいのは、マルクスの観点はやはり「社会全体」を視野に入れているということです。思想界にはマルクス主義を一種の「全体主義」だとする見方もありますが、私はこの意味ではたしかにそうだと思います。

たとえば日本民族が死に絶えても、その段階で人類が死滅するわけでもありません。その時に残っている人類の多くは幸せかもしれません。が、時に、あるいはある状況下では、こうした民族主義的視点を持つことも必要なのであって、その典型がこの民族人口問題だと私は考えています。あるいはちょっと言い換えて、本来「民族主義」でないはずの私のようなマルクス経済学者が「民族主義」となってしまうほどの深刻な危機が進行しているのだとも言えます。

実際、私は、2022年に初めて一水会という日本の民族主義グループと接点を持ち、ある「民族問題」で講演をさせていただくということがありました。そして、その講演の冒頭で、「私は民族主義者ではない。階級主義者である。が、そうだからこそ民族を大事にしたい」というようなことを述べて意気投合しました。「階級対立に起因する諸問題を放っておいて民族が団結することはできない」というのがその趣旨ですが、今回の人口問題も本質的には「階級対立」（というか階級搾取）に起因する問題です。

一水会との当初の一致点は「反米アジア主義」だったのですが、今回のこの論点でまたひとつ大きな一致点を形成できるのではないかと期待しています。マルクスの「再生産」という大きな視野のおかげです。といっても、それだけ日本民族の危機が深まっている、ということなのですが……。

外部からの人口補給としての移民

ところで、こうして「民族」までを論点に入れて思考を進めますと、ここで必要となってくる論点に「移民」というものがあります。簡単に言うと、人口が足りなければ移民を入れればよい、という安易な発想で、これによって特に欧米が人口問題を切り抜けてきたことも事実です。

たとえばアメリカではすでに白人だけでは人口減に転じていますが（河合雅司『世界１００年カレンダー　少子高齢化する地球でこれから起きること』）、移民かその子孫であるところのヒスパニックと呼ばれるスペイン語話者が全人口の18％をカバーして人口減を今のところは回避しています。２０１０～２０２０年のアメリカの人口増の半分もこのヒスパニックによるものと発表されています。アメリカの合計特殊出生率は２０２１年で１・６６と日本より０・４前後高くなっていますが、その原因もこうした特殊な「移民依存」にあるわけです。

もちろん、この特徴はヨーロッパ、とくに西ヨーロッパも同じです。ヨーロッパを旅行すればすぐわかりますが、清掃作業や給仕などはほとんど外国からの移民労働者によって賄われています。特に、その「外国人」の多くが中東のイスラム教徒なので宗教対立が起こったりしているのですが、それとともに、東欧崩壊後の東欧からの移民も最近は重要です。後の第Ⅲ部で再度言及しますが、ヨーロッパは周辺諸国をひとつひとつ混乱に陥れ、それで流出した難民を新規労働力としてきたという歴史を持っています。当初は中東から、その後はウクライナを含む東欧から、というわけです。

しかし、彼らのこの体質、実は「資本主義」が始まるずっと前から始まっていたというのも重要です。実際、「東洋」との比較で「西洋」を考えてみた時、ギリシャ・ローマの伝統はきわめて大きく、彼らの時代にも、自国での生産活動は外地から奪ってきた戦争奴隷の労働に大きく依存していました。これは、「外地」を開発や統一の対象と見るのではなく、ただ労働力の供給源として見る現在のあり方に直結しています。

実際、このあり方は「外地」を開発の対象として見てさまざまなインフラ建設に一生懸命の日本や中国のそれと対照的です。フランスのODAのほとんどはアフリカなどの途上国でフランス語を教えるために使われていると聞きますが、これは要するに（事実上のフランス植民地として支配し続けることをも目的としていますが）、彼らがフランスに来て有効な働き手となるためのトレーニングにすぎません。現在の中国の「一帯一路」は、途上国の開発にこそ関心を持っても、そこから労働力を持ち帰ろうとしているわけではありません。中国の労働力人口も減少を始めていますが、今もって「外国人労働力の輸入」という話は聞きません。

中国国内にはまだ周辺の農村部から都会に移住する「農民工」という余剰労働力のあることもひとつの理由ですが、これは秦の始皇帝以来の伝統です。秦は他の6国を「統一」しましたが、「征服」によって奴隷を調達しようとしたわけではなく、周辺地域を単なる労働力の供給地としていたわけではなかったからです。

残念ながら、私たちの日本は過去の一時期に限れば朝鮮人労働者を鉱山労働力とした歴史を持ちますが、これは例外的なことだったと思われますので、その点に関する限りは中国と似ています。と言っても、このところの人口減のため、居酒屋やファスト・フード店などですでに多くの外国人労働力に頼っているのも事実ですが……。

とはいえ、ここで論じておかなければならないのは、日本でも安倍晋三政権時に外国人労働力の参入規制が大幅に緩和されたような動き、要するに外国人労働力への依存への傾斜をどのように理解するか、という問題です。私に言わせると、これはやはり「日本民族」の本当の再興にはならないとともに、安易な国際搾取であることが重要です。

本来は自国の再生産システムの中で「賃金」として次世代労働力の再生産コストが支払われなければならないのに、それをやらずに安価な労働力を調達しようとの魂胆だからです。そしてまた、彼ら外国人労働者を安く使って日本の賃金水準全体を切り下げることは、日本国内での人口再生産自体をさらに困難にします。これでは労働力供給上の悪循環に陥るばかりです。

こうして「資本主義」が自身の自己運動の中で「資本」と「賃労働」を再生産せず、外的条件に依存するということは、『資本論』次元ではその第1巻の事実上の最終章たる「資本の原始的蓄積」の章が論じた次元の問題であるということになります。この章では、資本主義の開始期に、自分自身が生産した人口によってではなく、資本主義以前的な諸部門（たとえば農業部門）が生み出した人口によって資本主義的生産が開始されたのだとマルクスは主張しています。つまり、資本主義もその当初には自分の足で立てていなかったということですが、本章で見たことは、現在の資本主義が何とそれと同じ状態に舞い戻ってしまっているということとなります。その意味ではこれを「資本の末期的蓄積」と言ってもよいかもしれません。ともかく末期的症状であるということになります。

補論　「マルクスの相対的過剰人口論」は一般的に通用しない

「マルクスの人口論」というと、普通は相対的過剰人口論がイメージされ、それをマルクス自身が「資本主義的生産様式に特有な人口法則」とも表現しています。その意味で、本章でもそれへの言及をしないわけにはいかないのですが、ここで申したいのは、それは人口全体の増減の問題ではなく、資本の蓄積との関係で論じられた「相対的」な、つまり限定的な人口の問題であるということで、実際は労働者人口の内部構成論というべきものとなっています。

もちろん、この議論もロバート・マルサスの人口論（108ページ）を強く意識したもので、『資本論』第1巻第23章はマルサスの人口論を「過剰人口論」と理解した上で、マルクスは自分の「過剰人口論」は異なったものだと述べています。つまり、マルサスは人口の過剰化を「絶対的」なものと主張するのですが、そうではなくマルクスは資本の蓄積との関係で存在する「相対的」なものとしているからです。

『資本論』第1巻の当該箇所から重要な部分を取り出せば次のようになります。

「資本の可変部分（賃金部分のこと－引用者）を犠牲としての不変部分（原料・機械設備部分のこと－引用者）の不断の増大」（マルクス＝エンゲルス全集版819ページ、ディーツ版657ページ）

「資本の有機的構成（資本の不変部分／可変部分の比率－引用者）の変化は、蓄積の進展または社会的富の増大（よりも）……ずっと早く進行する。なぜかといえば、単純な蓄積すなわち総資本の絶対的拡大は総資本の個々の要素の集中を伴うからであり、また追加資本の技術的変革は原資本の技術的変革を伴うからである」（同820ページ、657～658ページ）

「いくつかの部面では資本の構成の変化が、資本の絶対量の増大なしに、単なる集積の結果として起きる。ほかの諸部面では資本の絶対的な増大が、その可変部分またはそれによって吸収される労働力の絶対的な減少と結びついている」（同821ページ、658～659ページ）

ここに見られますように、ポイントは「資本の可変部分」と「不変部分」の比率としての「有機的構成（普通の言葉では資本労働比率（K／L）の価値的表現）」の変化が「技術的変革」として生じ、それが「可変部分またはそれによって吸収される労働力」の減少を招く、というものですが、この3つ目の引用文に「労働力の絶対的な減少」という文言が含まれますので、それが一般的な「絶対的減少」ではないことをここでは説明しておかなければなりません。

と言いますのは、この3つ目の引用文には「いくつかの部面」と「ほかの諸部面」という2つの部面が存在し、「いくつかの部面」では単なる資本の集積であるものが、労働力の節約によって労働力を絶対的に縮小させるのですが、後者の「ほかの諸部面」で議論されているのは、「資本の絶対的な増大」部分が必要とする追加労働力が前よりも減少する、ということだからです。

つまり、ここでは、まさに総数としての労働力が減っているわけではありません。「資本の絶対的な増大」に比べての減少なのであって、絶対数としての労働力が減るのではありません。つまり「相対的」減少です。世には多くの誤解があって、労働力人口が減少して失業者が絶対的に増大すると理解されることが多いのですが、それは間違いです。そうなるとマルサスの「絶対的減少論」となってしまうからです。

ただし、実のところ、この「絶対的減少」は「資本の有機的構成（資本労働比率の価値的表現）」と呼ばれるものが永遠に上昇し続けるのであれば数学的に成立します。先の引用文ではその2つ目に、

「資本の有機的構成の変化は、蓄積の進展または社会的富の増大（よりも）……ずっと早く進行する」

という言葉がありましたが、これは要するに、この2つの変数の大小関係を問題としているということで、それは後者が全体的な資本主義部門の増大による雇用増をもたらすのに対し、前者がその度合いと比べた相対的な雇用者数の減少効果を表しているからです。そして、もちろん、前者のほうが後者よりも「ずっと早く進行する」のであれば、「減少効果」が「増大効果」を上まわってしまうでしょう。つまり、この場合は「絶対的減少」が生じるということで、このことを最も早く数理的に定式化したのは置塩信雄《おきしおのぶお》という日本が世界に誇るマルクス経済学者です。私が慶應義塾で使っている「マルクス経済学」の教科書でも紹介していますが、巻末の参考文献リストにもあげておきますので、よかったらぜひチェックしてください。

ですが、この論理に明らかなとおり、これはどちらのスピードが速いかに完全に依存するということで、それ自体が厳密に検討されなければなりません。そして、私たちの研究グループが開発しました先述の「マルクス派最適成長モデル」では、「前者」すなわち「有機的構成（資本構成）」は歴史の進行の結果、最後には定常化することを解明しています。実際の経済でも、中国など途上国とちがって先進国の資本構成は高位で安定していますので、この傾向は確かめられていると言えます。したがって、この場合、先のマルクスの想定、

「資本の有機的構成の変化は、蓄積の進展または社会的富の増大（よりも）……ずっと早く

進行する」は否定されることとなります。厳密に言いますと、少なくとも先進国段階では成立しないということとなり、これもまた現実にマッチしています。先進国では労働力が余るというより、不足する（！）ことこそが問題となっているからです。

ただし、誤解を避けるために、ここでふり返っておきたいのは、本書で議論している「人口減」はこうした労働力需要の増減ではなく、そもそも出生率が落ちているという問題で、別次元の問題だということです。そして、その問題に言及するには、労働力の「需要」の側ではなく「人口供給」の側の事情を議論しなければなりません。本章の中盤では時代ごとに異なるαとβの大小関係を述べましたが、それが問題とする次元の問題です。

すこしこのαとβの関係の議論をふり返りますと、そこで主張しましたことは、産業革命後の大きなαが「資本重視」の社会を形成したのが「人口軽視」の根本的な原因というものでした。逆に申しますと、それに代わって大きなβの出現することこそが「資本」でなく「ヒト」を重視する社会の形成の根本的な基礎となるということです。この補論で見た相対的過剰人口論とはまったく異なる次元の問題であるということが重要です。

第5章　人口論の焦点は歴史的にも社会格差

もう一度『資本論』を読む

前章ではマルクス経済学の立場からして、現在の先進資本主義が「自分の足で立つ」ことができなくなっていることを結論づけました。そして、これが本書全体の結論ではありますが、それは「結論」であって、マルクス経済学的な意味での人口減の理由の説明はまだ部分的にしかできていません。と言いますのは、マルクス経済学において最も重要な「社会格差」という要素こそが実際の人口減の最大の原因であり、そのことが人口減の具体的メカニズムとして語られなければならないからです。

実際、本書でも第I部の2つの章で見た人口減の具体例は、所得階層別の有配偶率の大きな格差や、同じことですが実質賃金の低下による非婚率の急上昇といった状況を説明しました。しかし、第3章で見ました近代経済学の人口モデルでは「格差」の要素は完全に無視され、かつまた第4章でも「子供のコスト」と「親の所得」を一般論でしか議論できていませんでした。「親の所得」は将来に子供が生産活動に参加して増える可能性もあり、その効果の考慮も必要だと述べましたが、それでもまだ「社会格差」の論点が含まれていたとは言えません。本章ではそうしたマルクス経済学的なコアの論点に迫ることとします。

ただし、この論点に入るための「入り口」が先に私が要約した『資本論』の引用にも含まれていたというのも事実です。その前半部分は、

「社会を賢明に観察することができれば、農業社会の胎内で開始された工業資本主義は強搾取によってその工業労働者人口の再生産を阻害し、人口減を招くが、農村からの人口の補充によって続いている。ただし、屈強な体をもっているはずの農村労働者もまた強搾取によって衰退させられている。……」

となっていました。注目していただきたいのは、この「搾取による工業労働者人口の減少」と「農村からの人口補充」の部分です。これは農村での人口増があったことと、工業の資本主義部門の人口減の両方を指摘していますが、たとえば農村の誰が農村から吐き出されてきたのか、という問題と関わります。

農村は人口増をしているのですから、農業生産力が人口を維持する水準以上に達していた

ことを意味します。が、そのある一部分の人口がわざわざ「再生産不能（人口減）」の工業部門に移動してきたというのは、農家を引き継げなかった子供たちか（長子相続制の日本なら次男坊以下となります）、下人らの従属農民でしかありえませんので、そうした農村における下層階級が都市の工業部門に移動してきていたということとなります。そこに移動しても、この『資本論』の表現では彼らは「工業人口の衰退」を「緩慢化」することしかできなかったとなっていますが、それでも仕方なく工業部門に移動したのですから、彼らはやはり下層階級です。つまり、こうして「階級」ないし「格差」の問題がこの表現の中に含まれているのです。

前近代日本の人口変動も階級間で大きな違い

これまでの歴史を振り返っても、ちゃんと家族を形成して多数の子孫をもうけてきた社会階層とそうでない社会階層があったというのはいわば常識です。たとえば、江戸時代の武士階級は前者の典型でした。ただ、その武士階級も子孫が分家、分家と重ねていくと相続の問題が生じてその「家」が全体として没落しますから、男子のうち長子以外は結婚させないとか（この制度の延長にチベットなど一妻多夫制を導入した民族も多い）、長子家族を「本家」として他から明確に区別し、次男以下の下方への階級移動を誘導するようなことがありました。

江戸時代の後期にはこうした階層の多くは地元で土地を分け与えられないために都市に移動していきます。ですので、ここではまさにマルクスが述べたように、「農村人口の都市への移動」が生じたことになります。

ただ、問題は、この時代の都市経済というものは、産業革命以前のために「工業部門」が未熟で、武家が農村から吸い上げる余剰生産物とそれの扱いから生じる商業利潤に依存せざるをえない状況であったので、都市の非農業部門も弱々しく、よってそこでの人口増は実現できなかったということです。マルクスが『資本論』のこの箇所で論じているのは産業革命直後の実質賃金切り下げ期＝絶対的貧困化の時期のことですので、ここまでは同じでした。

いずれにせよ、工業部門の急拡大による人口増がなければ、農村の人口増があっても、都市の非農業部門の人口減がその効果を相殺してしまうということで、江戸時代後半期とはそういう時代でした。「停滞した徳川時代」というイメージはそこから来ています。農業部門×非農業部門という産業部門間の関係が、長子によって相続された安定した武家の本家や地主・富農層×生産手段を持たない下層階級という関係に反映し、それぞれに人口増と人口減が対応していたという話です。

とはいえ、この「都市の人口減」という現象は現代からは想像しがたく、そのために少し数値的な補足説明をしておいたほうがよいかもしれません。それは同じく人口減となってい

図5-1　江戸後期における都市人口比率と人口増加率の関係

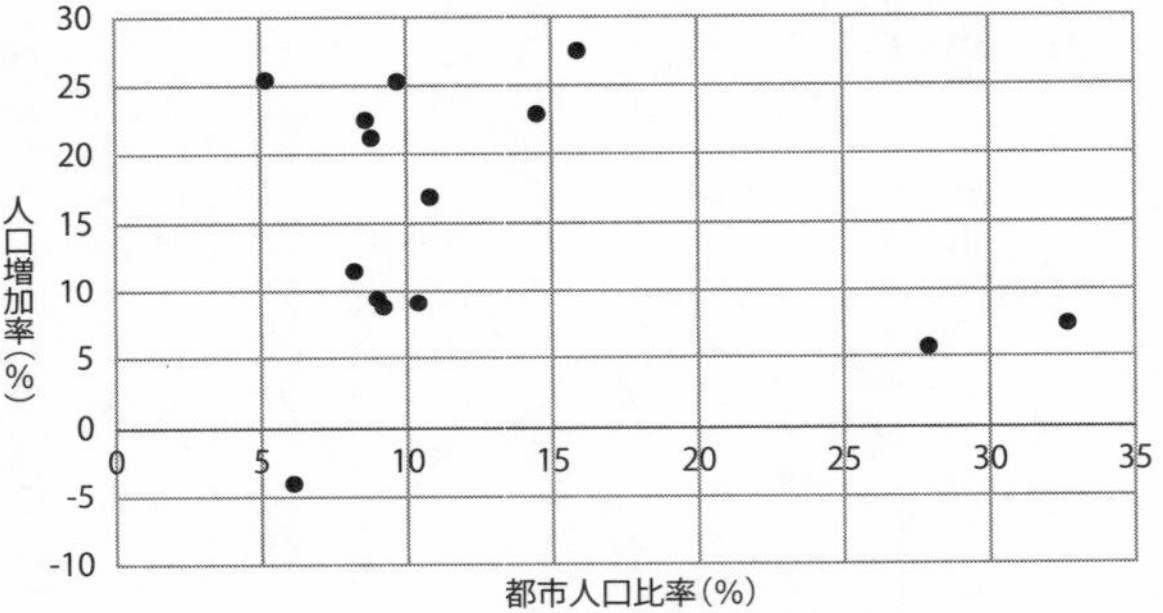

原資料）速水融監修、内務省・内閣統計局編『国勢調査以前日本人口統計集成別巻1』東洋書林、1993年

データ出所）鬼頭宏『人口から読む日本の歴史』講談社学術文庫、2000年、p99

注：1721-50年、1756-92年、1828-40年を災害年として扱っている。

この図全体では1地区を除いてこの「平常年」での人口増が明確にあったこととなるが、「災害年」では10.3%の人口減が生じ、その結果、全期間の人口増加率は3.0%にとどまっている

る現在とこの点ではまったく逆であるからですが、実際に１７２１年から１８４６年の間で災害が起こった平時でない時期を除いた全期間の地区別の人口増加率と都市人口比率をグラフにすると、**図５-１**のようになりました。計算された相関係数はマイナス０・２１でしたので、統計的な有意性をもって都市人口比率と人口増加率の関係を論じることはできませんが、右側の２つの点として表された都市人口比率の高い２地区（畿内と南関東）の人口増加率が他の平均より低いことは確認できるだろうと思います（２地区の平均は６・６%、その他は16・４%）。人口増

は農業生産力の拡大をベースとしていたのです。逆に言うと、商工業部門に人口を増大させるだけの力はありませんでした。

なお、この両方がプラスなのでこの時期に人口が大きく増加したと思われるかもしれませんが、飢饉などの災害時にこの増が帳消しになっています。その意味で、過去の人口問題というのは災害をどう乗り切るかという問題でもあったことをここで付言しておきたいと思います。

以上、都市の人口増加能力が非常に低かったことを確認しましたが、問題は、こうして人口増加能力の少ない都市部に回された人口部分があるということ、そこでそうした特定の社会階層が人口を減らしたということです。長子でないがために農家を追い出された人々、そもそも下人や奉公人として家庭を持てなかった人々がいて、本書の第2章では貧困になるほど有配偶率が低くなることを見ましたが、それと同じ現象が歴史をさかのぼっても見られるということです。

歴史人口学が解明した前近代の人口変動

こうして日本の歴史人口学は非常に興味深い知見を私たちに提供してくれていますが、これには過去帳や宗門改帳《あらためちょう》といった文献的資料が全国各地に残されていたという幸運が大きく作用しています。特に、この宗門改帳を使った過去の家族の「復元」法は、私が所属していました慶應義塾大学経済学部の大先輩、速水《はやみ》融《あきら》先生がはじめられたもので、画期的なものです。これによって各個別家族のライフ・サイクル上の家族構成の変化が後世の私たちにも手に取るようにわかるようになり、この分野の研究は飛躍的に進みました。先ほどの図5−1の元データを示してくれる書物を書かれた鬼頭《きとう》宏《ひろし》さんもそのお弟子さんで、日本の歴史人口学の大家となっておられます。

そのため、ここではこの鬼頭宏さんの研究成果を使って長期にわたる日本の人口変動の概観を見ていきたいと思いますが、著書『人口から読む日本の歴史』(講談社学術文庫、２０００年)の議論の中心は室町後期から江戸前期までの期間と江戸後期ですので、それを中心に、かつ前後を含めて整理しますと次のようになります。なお、歴史人口学もその後の発展で以下に示します①と②の時期区分などの理解が少し変化していますが(西谷正浩『中世は核家族だったのか』吉川弘文館、２０２１年では①②の境界は１３００年頃)、基本線において大きな違いがないので、以下では鬼頭著の所説をベースに説明します。

① 室町前期まで　荘園経済の停滞
② 室町後期〜江戸前期　次男以下・隷属農民の排出　小農自立・皆婚化

③江戸後期　　武家・地主・富農の人口増　隷属農民・非農業人口の停滞
④近代　　　　少死化による農村の人口増　工業発展による都市人口増

ここに見られますように、②、③、④につけた解説の前半は広義の上層階級の状況を、後半は広義の下層階級の状況を示しており、かつ傍線をつけた部分は人口増要因、ついていない部分は人口減要因としています。特に③の江戸後期の状況は先に説明したとおりです。

ですが、この前後に①、②、④をつけたことでより明確になっていますのは、③の江戸後期に人口が停滞したのは、それが武家・地主・富農の人口増を帳消しにしてしまっていたからで、その「帳消し」がなければちゃんと人口は増えていたということです。もう少し申しますと、②では小農自立・皆婚化が、④では工業部門における人口増があったために社会全体としての人口増が生じることとなりました。これはそれぞれ社会の下層もまた人口増ができるか否かが全体としての人口の増減を決めるということを示しています。本章は「人口問題は格差問題」と主張していますが、その歴史的趣旨はここにあります。

しかし、そういう全体的な認識を確固としたものにするために、もう少し個別の論点にも言及しますと、①の停滞を鬼頭さんは年貢の確保にしか関心のなかった荘園領主の問題としています。この時代、まだ貨幣経済が進展せず、余剰農産物を換金できなかった時代には荘園主は、自分の消費生活を満足する手段としてしか荘園を見ていなかったためということです。私としてはこの因果関係は逆で、生産力の制約が貨幣経済化を制約したと考えますが、結果としての状況認識には変わりがありません。

ただし、先に少し言及しました西谷正浩さんの著書『中世は核家族だったのか』は、「小農自立」を許さなかった生産技術的条件＝「大農」ないし「中農」でなければならなかったことを問題としています。これには、当時、荒廃地の開墾など労働力を大量に要する土地開発が名主層に求められていたという事情もあります。本書の基本的立場は『資本論』なので、開墾を含むこうした生産技術上の条件に注目する立場のほうが親和的です。

とはいえ、その状況は②での市場経済の進展によって変化したと鬼頭さんは主張され、西谷さんはやはり「小農」が一般化することとなった農業技術上の変化を述べられます。鬼頭さんの考えでは荘園主も、また農民自身も余剰生産物が生活向上の役に立つことを知って生産に精を出すようになったということですが、私や西谷さんとしては、この背景としての生産力発展には農業の生産構造がより集約的になったことがより重要となります。

さらにまた、歴史的な人口変動には5つの波があるとする第4章紹介の古田隆彦さんもこの時期の農業を「集約農業」として位置づけておられ、こうした生産力的な説明がマルクス経済学には親和的です。実際、私もマルクス経済学の教科書として慶應義塾大学出版会から出版した『マルクス経済学（第3版）』では、奴隷制期を粗放農業時代、農奴制（封建制）期を集約農業時代として位置づけ、集約農業の農家規模は小さなものでなければならないと論じています。

想像していただきたいのですが、奴隷に「さあ働け」と言って働かせる、そういう働かせ方では草むしりや細かな水の管理などといった手の込んだ農作業はできません。これらの作業は一夫一婦的な単婚家族に最終的には帰結する家族成員によってはじめて丁寧になされうるもので、そのために「大家族」（あるいは非親族を含む小集団による農業）から「小家族」へ農家規模が縮小したとの解釈です。鬼頭さんの著書（88ページ）でも諏訪地方を例に、17世紀後半に平均世帯規模が7・04人だったものが、18世紀前半の6・34人、18世紀後半の4・90人、19世紀前半の4・40人、幕末の4・25人と直線的に低下していったことが書かれています。

ともかく、こうしてもともと下人や隷属農民、あるいは非自立家族成員であった人々が小農として自立し、その地位の向上＝格差の縮小が人口増をもたらすこととなりました。たいへん教訓的ですが、この話をいわば逆転したのが③の江戸後期で、当時の生産力水準では②の生産力を使い果たしたために、一旦増大した人口をそれ以上にすることができなかったということです。以上の文脈ではこのための人口調整が都市においておこなわれたということになります。

実のところ、この時期にも生産力の制限によって、農村部でも下層の小農は産める子供の数が富農・地主層よりも1人少ない4人程度に縮小し、当時の死亡率のもとではある高い確率で「絶家《ぜっけ》」とならざるを得なかった、つまり人口減となったということがあります。

鬼頭さんの著書でも、武蔵国甲山村の事例では本家となっている上層農家の絶家、他出のケースはゼロであったものの、下層では29%に及んだと書かれています。「上層」と「下層」の出産数の差は1人分でしかなくとも、長い時間をかければ、こうして「下層」では「絶家」が生じるものです。当時の社会では婚姻を成立させ、ちゃんと子供をつくっても、少しの出産数の少なさがこうした「人口減」を招いたという事情を理解しておきたいと思います。

なお、最後に続く④期＝近代の工業部門の生産力発展はこの制約を打ち破って、再び人口増を実現しています。

生産力が人口を制限するマルサス的状況

ところで、こうして歴史人口学の成果を整理してみますと、下層階級が滞留する産業部門の成長率の重要さがわかりますので、これは全体として、経済成長率による人口成長率の規定性と要約することができます。つまり、所得が伸びる状況では人口を増やせるが、そうでなければ減少する、ということで、所得＝生産力による人口制限の理論と理解できます。前章では「貧乏人の子だくさん」という言葉も紹介しましたが、ここでは「貧乏人は子が少ない」ことを意味しています。これはいわば、人々、とくに下層階級が「かつかつの状況」（「かつかつ」の意味は時代により異なりますが）で生きていたと言い換えることもできます。

実際、この「かつかつの状況」は鬼頭さんの著書でもいくつかの面で表現されています。たとえば、先にお示しした図5－1の注にも書きましたが、その図に示した「平常年」以外には人口は10・3％も減少していたわけで、天災が起きればすぐに人口が減る、という厳しい状況を想像していただければと思います。特に、この年代の災害とは飢饉であって、それが証拠に気温の高い地方（たとえば南九州）での人口は減らなかったものの、気温の低い東奥羽では27・4％の、西奥羽では19・0％の、北関東では23・9％の人口減があったということです。病気や老衰によって人々が死亡するのではなく、餓死が当たり前であった時代であったことをよく知っておきたいと思います。

ちなみに、1831～40年の飛騨のある寺院の過去帳の記録では、餓死が死亡原因の8％を占めていたということです（鬼頭著、171ページ）。そして、この結果、所得に要約される経済状況が人口状況を決めるという本書第3章の近代経済学モデルの基本的想定ともつながります。逆の例で言いますと、産業革命後の工業発展が人口を爆発させていますので、この因果関係は重要です。言うまでもありませんが、本書で述べましたように、この因果関係は「唯物論的」なものなので、私の理解するマルクス経済学のものでもあるのですが……。

なお、この因果関係は「人口論」で有名になったマルサスのものに通じます。マルサスの議論は幾何級数的に増大する人口はやがて直線的にしか増大しない食糧生産の制限にぶつかる、そこで人口成長が止まるというものですので、「食糧」に代表される生産力の人口への規定性を言うものであるからです。マルクスはこのアイデアがサー・F・M・イーデンという アダム・スミスの弟子からの盗用であると厳しく非難していますが、逆にこのイーデンの説には一定の敬意も表しています。ですので、それが盗用であるかは別として、この「マルサス学説」と言われるものとマルクスの人口論を正反対のものと理解する必要はありませんん。生産力の大小が人口を決めるという因果関係がマルクスのものであることは確認しておきたいと思います。

とはいえ、その上で急いで述べておかなければならないのは、その「近代経済学モデル」=私の「マルクス経済学モデル」では、「子供のコスト」としての養育費も問題としていたということです。そして、それは子供1人にはこれくらいの生活を保障しなければならない、という選択の問題であるという意味において「必要生活水準」のコントロールの問題とも言えます。

実のところ、鬼頭さんの先の著書ではこの「必要生活水準」の維持のために意図的な人口制限が人々によってなされた、との議論もされていて、その点もここでは紹介しないわけにはいきません。具体的には、捨て子、嬰児殺し、堕胎といった事後的産児制限と、未発達であったとはいえ長期の授乳など各種の避妊法や禁欲といった事前の産児制限で、前者がいかに非道徳的であっても広義の産児制限に他ならないと鬼頭さんは述べています。そして、その上で問題なのは、これらによって人々の生活水準の向上が実現されたということです。鬼頭さんはこの著書でトマス・C・スミスという学者の研究を紹介して、18世紀から19世紀前半までの日本経済は停滞していたのではなく成長していたと述べています。

実際、産児制限にそうした効果があるというのは事実です。と申しますか、現代でも不慮の妊娠による出産を避けるために中絶は広範囲におこなわれていますし、すべてのセックスが避妊措置なしにおこなわれると大変なことになります。したがって、この効果はどうしても認めないわけにはいきませんが、その上で、「産児制限」と「生活水準の維持」の２つのどちらを因果関係の「原因」とするかには多少のニュアンスの相違もありえます。つまり、産児制限をしたから生活水準の維持・発展ができたのか、その逆に生活水準が上昇したから人口が制限されるようになったのか、という問題で、後者は第４章で述べました「貧乏人の子だくさん」の裏返しにもなっています。これをどう考えたらよいのでしょうか。

いろいろな回答があるとは思いますが、この問いへの私の直接的回答は第4章の時と同じです。つまり、不可避的に生じる生活水準の上昇は「子供のコスト」を引き上げますから、それに見合った数の出産にそれぞれは抑えている。その結果だけを見れば、産児制限が生活水準の維持・発展に結びついたと見えるが、人々の選択問題として見れば、そこではちゃんとした選択がおこなわれている、というものです。

ただし、そのもとでも上述のように餓死が後を絶たなかったわけで、その「かつかつさ」も見ておかなければなりません。いわば、「かつかつさ」もそれぞれの発展段階で違っていたことと、格差の問題が重要だったということでしょうか。ともかく、意図的産児制限はひとつの論点であるということです。

国家と社会による生殖強制

実のところ、この問題——意図的産児制限の問題は、マルクス経済学の人口論において重要な論点とされているもののひとつです。と言っても、主には青柳和身さんの『フェミニズムと経済学（第2版）』（御茶の水書房、2010年）第3章での指摘ですが、この意図的産児制限を抑止するための国家的社会的措置はまさしく権力的なものなので、そうしたあり方を問題とするという意味で「マルクス的」な議論の土台を提供してくれています。実際、宗教権力と国家権力は搾取の対象者を減らしてしまうこととなる産児制限を恐れてさまざまな強制措置を講じてきました。近年であれば、アメリカなどの中絶禁止法がその典型ですが、西洋社会ではこうした伝統が15～16世紀から一貫して存在していたというのが重要です。

青柳さんの指摘によりますと、たとえば、15世紀以降、16～17世紀を中心に出生児の教区教会への早期の登録（早期洗礼）と「教区簿冊」制度による嬰児殺しの禁止、産婆に中絶をさせないための産婆管理と緊急堕胎措置の男性外科医独占がなされ、「魔女狩り」という形の民間堕胎医の排除がおこなわれています。この最後のものはちょっと奇異に感じられましょうが、「魔女」の実際はさまざまな薬草の知識を持ち、生殖管理技能を持つ「賢女wicca」や産婆であったということです。私自身もこの話を聞いて、『ザ・クレンジング――浄化者』という中世ヨーロッパを描いた映画をネットで観てみましたが、そこでの魔女もたしかに薬草使いの名手として描かれていました。

これが15世紀に始まり16～17世紀にピークに達した最初の国家と宗教権力の産児制限抑制措置ですが、その後は少しずつやり方が「近代化」してきます。まずは18世紀以降、難産の際の母体保護を名目に、その措置を許された男性産科医の社会的進出が進んだうえにその職業組織が形成されて堕胎抑止が制度化されます。また、19世紀初頭と１８６０～70年代には中絶禁止法と中絶全面禁止法が制定され、さらには母体救命堕胎の産科医判断を中心とした胎児「生命」の医師管理体制が形成されます。

繰り返しになりますが、こうした流れは現代のアメリカ合衆国でも中絶禁止法として引き継がれ、それが大きな争点となっていますので、上記の問題を社会科学の問題として、もちろん人口管理の問題、女性の生殖権の問題として議論することは重要です。「中絶禁止法」のようなものを持たない私たち日本人にとっては馴染みのない話に聞こえるかもしれませんが、「国家」というもの、こうまでして搾取の対象者の維持・拡大に注意を払ってきたのかと知ることも重要です。

現代では外国人労働者の導入に政府は一生懸命です。私たち国民以上に時の政府が「人口問題」に真剣になるのは、こういう背景があるということです。

ところで、こうして国家と宗教が一体となった管理システムは「キリスト教的」なものですが、鬼頭著（215〜216ページ）を読むと、日本にも似たことがあったことがわかります。江戸時代には『子孫繁昌手引草』という印刷物が僧侶や農村改良運動家たちによって流布され、間引きの非人道性が広く喧伝されたというのです。

また、江戸期の寛政年間から化政年間にかけて代官の職にあった岡田寒泉、竹垣直温《なおひろ》、寺西封元《たかもと》の3人は、その支配地の妊婦の管理を徹底し、懐妊書上帳を作成したり、出生児に養

郵便はがき

料金受取人払郵便

小石川局承認

1112

差出有効期間
2024年 9 月14
日まで

112-8731

東京都文京区音羽二丁目
十二番二十一号

講談社　第一事業局

講談社+α新書係　行

★この本についてお気づきの点、ご感想などをお教え下さい。
(このハガキに記述していただく内容には、住所、氏名、年齢などの個人情報が含まれています。個人情報保護の観点から、ハガキは通常当出版部内のみで読ませていただきますが、この本の著者に回送することを許諾される場合は下記「許諾する」の欄を丸で囲んで下さい。

　このハガキを著者に回送することを　許諾する　・　許諾しない)

TY 000050-2207

愛読者カード

今後の出版企画の参考にいたしたく存じます。ご記入のうえご投函ください（2024 年 9 月 14 日までは切手不要です）。

お買い上げいただいた書籍の題名

a　ご住所　〒□□□-□□□□

b　お名前《（ふりがな）》

c　年齢（　　　）歳

d　性別　1 男性 2 女性

e　ご職業（複数可）　1 学生　2 教職員　3 公務員　4 会社員（事務系）　5 会社員（技術系）　6 エンジニア　7 会社役員　8 団体職員　9 団体役員　10 会社オーナー　11 研究職　12 フリーランス　13 サービス業　14 商工業　15 自営業　16 林漁業　17 主婦　18 家事手伝い　19 ボランティア　20 無職　21 その他（　　　）

f　いつもご覧になるテレビ番組、ウェブサイト、SNS をお教えください。いくつでも。

g　お気に入りの新書レーベルをお教えください。いくつでも。

育金を支給したりしました。同様の措置は陸奥の諸藩や美作《みまさか》、肥前でもおこなわれたというのですから、形式や程度の問題はさておき、こうした特徴は一般的です。つまり、青柳さん指摘の論点は意味ある重要なものだということになります。

本書の立場は階級理論

ここで本来の問題設定に戻しますが、それは人口増加率が何によって決められているのかという問題、もう少し言うと所得水準か「子供のコスト」かという問題でした。あるいは、さらに言い換えて、生産力的な意味での人口維持能力と人々の側の出生率選択との関係の問題でした。そして、私はすぐ先ほど、不可避的に生じる生活水準の上昇が「子供のコスト」を引き上げると、人々は出生数を抑制すると述べました。したがって、自由で合理的な選択の問題としては、どう見ても社会や国家の権力的介入には批判的にならざるを得ません。

つまり、青柳さんの指摘の正しさを承認するものですが、出産制限もそれを抑える諸介入も、これらはどれも所得が十分に上がらないことを前提とした議論ですので、「人々は出産制限で対抗できるので構わない」と言って済ませるわけにはいきません。本書自体、現在の人口減を子供を産めない社会の問題として主張するものですので、この所得の問題、生活水準の問題を議論することとなります。

もっと言えば、格差が拡がると下層の人々は人口再生産ができなくなる。すでに男性の25%以上、非正規労働者に限れば60%以上が結婚のできない社会になっていて、人口も再生産できなくなっている。こうした事態が現代だけではなく、長い歴史においてかなり一般的な問題であったことを主張しようとしているのです。

実際、先の項で示しました①〜④の歴史段階に、⑤現代と、⑥あるべき将来を付け加えますと次のようになり、問題はよりクリアーとなります。

①室町前期まで	荘園経済の停滞	
②室町後期〜江戸前期	次男以下・隷属農民の排出	小農自立・皆婚化
③江戸後期	武家・地主・富農の人口増	隷属農民・非農業人口の停滞
④近代	少死化による農村の人口増	工業発展による都市人口増
⑤現代	人口供給源としての農業部門の枯渇	労働者の貧困化
⑥あるべき将来	貧困を脱却した平等社会	

現代がいかなる意味でも人口を増やせない最悪の状態にあることが示されていると同時に、人口再生産のできない貧困の根絶＝平等社会化以外に道がないことがわかります。これ

がマルクス経済学としての人口問題の解決策です。

なお、こうして「平等社会が解決策」だとしても、まだこれだけでは抽象的で言い尽くされていない問題が山のようにあります。「平等社会」にまつわるさまざまな問題や、対外関係上の問題など関連する諸論点などなどで、それらは改めて第Ⅲ部で議論することとします。

第6章　ジェンダー差別は生命の再生産を阻害する

家事労働のマルクス経済学的性格づけ

第4章「マルクス経済学の人口論」の最後（補論を除く）に、自分自身の再生産ができなくなった（自分の足で立てなくなった）現在の先進資本主義が、「移民」という外部からの供給なしに持続しえない存在になってしまっていることを論じました。しかし、実のところ、この「資本主義の外部」には農村という非資本主義部門もあれば、「家事労働」という家庭内の部門も存在します。農村からの余剰人口の供給が決定的だったことは第4章前半の『資本論』の長い引用部分でマルクス自身が強調していたものでもありますが、「ジェンダー」という視点からすれば、「家事労働」という「外部」への依存の問題も非常に重要となります。これは、人間による「生産」活動には「物質の生産」と「生命の（再）生産」という2つのものがあるという根本的な問題と関わっています。

この問題は第4章の「『資本論』ではどう書かれているか」と題した項で、賃金は3つの部分で構成されると述べて端緒的には説明しています。そしてまた「再生産」という観点から労働力人口が供給され続けることの重要性を述べてきました。ただ、そこでの「再生産」の目的は資本主義的経済関係の中における「物質の生産」にすぎませんでした。「生命の（再）生産」はそれ自体が目的とされていたのではなかったからです。

ですが、よくよく考えると、そもそも子供をつくるということは、人間の本来的な目的です。そして、マルクスは「生命の生産」を「物質の生産」と並ぶ人間の2種類の生産活動として認識し、時に前者のみを「再生産」と呼ぶという使い分けをしています。

また、本章で重要な研究対象とする「家事労働」は完全にこの前者に属しますので、この全面的検討がないと人口問題の究明、ここでいう「生命の再生産」を明らかにできないことになります。労働者家庭は働いて得た賃金による子供のための財やサービスの購入の他、家事労働がなければ子供を育てられないからです。

こうして典型的な「資本主義経済」を考えた時、「物質の生産」は「資本主義的生産関係」の中で全面的におこなわれていても、「生命の再生産」はその一部しか「資本主義的生産関係」で担われていないことに気づきます。逆に言うと、この「資本主義的生産関係」自体を議論するためにも、その前提として、これまで多くの場合に女性が担ってきた「家事労働」を本格的に議論しておく必要がある、ということです。

表6-1　家事労働のマルクス経済学的性格づけ

労働種類	賃労働（夫）		家事労働（妻）			
労働目的	―	生活手段の購入	自己用	夫用	育児	養老
労働結果	搾取	賃金	家庭内使用価値形成			
労働内容	剰余労働	労働力再生産労働				

出所）青柳和身『フェミニズムと経済学（第2版）』御茶の水書房、2010年、P334の図を一部改変

実際、マルクス経済学の優れた先行研究にはその視角を鮮明にしたものがあり、本書で何度も出てきています青柳さんは中川スミさんの論文「家事労働と資本主義的生産様式―私的・無償労働としての家事労働の性格づけをめぐって」（『高田短期大学紀要』第5号、1987年）を高く評価されています。その主張を青柳さんは**表6-1**で大変わかりやすく整理してくれています（一部変更）。いまや労働者家庭のほとんどが「夫婦共働き」なので、夫婦の一方のみが外で働くというこの図の設定には違和感がありましょうが、日本のある時期に典型的とされた家族のあり方をどう理解するべきかという趣旨では、それはそれで意味ある表です。

そして、ここで重要なのは、資本主義の継続にとって決定的な労働力の再生産が賃金部分だけでなく、それと妻の家事労働全体によって担われていることがクリアーに示されているということです。この表を作った青柳さんはこの表に加えて「労働成果の受益者」という欄も作り、「夫用」の家事労働部分、「育児」の家事労働部分の直接的受益者が資本であるとの考え方を強調していま

表6-2　賃金圧迫による妻の補完的賃労働者化と労働力再生産労働への圧迫

労働種類	賃労働（夫）		賃労働（妻）	家事労働（妻）			
労働目的	—	生活手段の購入	—	自己用	夫用	育児	養老
労働結果	搾取１	賃金	搾取２	家庭内使用価値形成			
労働内容	剰余労働１	労働力再生産労働２	剰余労働２	労働力再生産労働１			

す。

　ただし、ここでのポイントは社会の安定のために不可欠な「養老」労働も含め、「労働力再生産労働」が資本主義的生産にとっての必要不可欠な要素であることにあります。資本主義的生産関係の正常な継続はその資本主義的生産関係のみによって確保されているのではありません。このような形で家事労働を包摂して初めて可能となっているのです。「ジェンダー」問題が「資本主義」という経済社会システムとの関係で議論されなければならないのはこのためです。京大の学部・大学院で学んだ後、東大などに職を得て「マルクス主義フェミニスト」として活躍した上野千鶴子さんの問題領域もここにあったと理解できます。

　なお、この表が有用なのは、「夫」の賃労働での搾取の強まりが与える「育児」をはじめとする労働力再生産労働への圧迫と「妻」の賃労働者化をクリアーに示せることです。**表6－2**がそれを示していますが、住宅など家計が市場からどうしても入手しなければならない財を得るには、ある一定の賃金が必要となりますので、

「夫」の賃金圧迫は「妻」の労働市場への参入を不可避とします。通常、この労働は「家計補充的」なものとなり、第2章の図2－2で見たようなパートなどの労働となりますが……。

ともかく、こうして「資本主義的生産関係」は「妻」までを直接に包摂することとなり、表に見られるように「搾取」の総量は「搾取1」と「搾取2」の合計へと拡大し、資本家階級にはいいことずくめです（おそらく同時に彼らの生産する生産物の購入総価値量も増える）。しかし問題は「育児」などの家事労働への圧迫が人口の再生産に支障をきたすようになることです。「資本主義」にとっての「いいことずくめ」のはずが、このような「間接的」なダメージをもたらすということで、これは第4章で引用した『資本論』第1巻の最後の論点を思い出させます。個別資本は「われ亡きあと」は考えない。しかし、「総資本」としては再生産上の決定的な条件の喪失となる。この問題を「資本主義」という経済システムの問題として考えなければならないと強調している趣旨はここにあります。

日本に特殊な労働関係がジェンダー差別を起こす

ここで見た妻の家計補充的労働への参入という現象は個々の家計におけるものではなく、社会総体としてのものです。つまり、夫の賃金がいきなり下がって妻が働きに出るという変化がそう多く起きてはいなくとも（リストラなどでそういうこともよくありますが）、社会総体として第2章の図2－4で見たような、じりじりとした実質賃金の切り下げが起きていれば、総体としての生活スタイルは変わります。ですので、その「生活スタイル」という次元で、そもそもなぜ多くの場合に「妻」が家事労働に押し込められるのか、という男女性別分担の問題が議論の対象とされなければなりません。そして、ここまでくれば、やはりこの問題も日本の「資本主義」という問題に行き着かざるを得ない性質が露わになります。何度も何度もここでは「資本主義」が問題となるということです。

もちろん、この「性別役割分担」には永い永い歴史的背景があって、儒教などの封建的な思想の影響も無視できません。ですが、諸外国と比べて突出して長い正規労働者の労働時間を考える時、両親がともに正規労働者であるというのはほとんど不可能です。

たとえば、私の場合は家内も正規労働者でしたが、5時に退勤できる公務員で、家内の両親がすぐ近くに住んでいたため、何とか1人までは子供を育てられました。私が「会社勤め」でなく、朝だけは保育所に連れていけたということもありましたが、ともかくこれらの条件がなければ結局家内が退職することとなったでしょう。つまり、日本の普通の労働者には無理ということです。このことを確認するために諸外国と比べた日本の労働者の労働時間を第2章の図2－8で再確認してもらえれば幸いです。

私がここで申し上げたいのは、夫婦のどちらか一方しか正規労働者になれないという事情、したがって家事労働の一切が妻に課せられるという事情は資本側が異常に強いという特殊な労使関係によって決められているということです。少なくとも日本の場合は明らかにそうです。過去の儒教的伝統云々ではなく、現今の労資の力関係の関数であるのです。

「資本主義」は社会を規定する真に強力なメカニズムですので、労使関係を通じてさまざまな他の社会関係も決定的に規定しています。たとえば、「産業」間の関係も、実際上はかなりの程度に階級関係と言えます。少なくとも日本の場合、農民はほぼ100%が自営業者であって、資本家でも労働者でもないからです。マルクス主義がしばしば「労農同盟」という言葉を用いるのは、彼らが「労働者」ではない証拠で、これがひとつの「階級関係」であることを示しています。「産業間関係」として最も重要なのが、こうした農業との関係であることは間違いがありません。

また、こうした「産業間関係」は多くの場合、「民族間関係」としても存在します。というのは、たとえば中国・内モンゴル自治区の草原地帯における牧畜民とはモンゴル族のことを指し、商人とは漢民族のことを指すからです。このように多民族地域における民族間関係とは産業間関係に他なりません。また、中国の新疆《しんきょう》ウイグル自治区やチベット自治区における資本家階級と労働者階級の関係は多くの場合、漢民族と少数民族の関係となってしまっています。

したがって、「資本主義」が規定する基本的社会関係（その最も中心にあるのは「階級関係」ですが）は、社会内部におけるその他の諸関係をも本質的な次元で規定しており、ジェンダー関係も根本的に規定されていることは不思議ではありません。上述のように、日本の労働参加のあり方における強力な性別役割分業体制は、古い因習や習慣・価値観などの影響以上に現存する階級関係の影響が決定的だからです。それが先の表６－２のような状況を生み出して、人々の結婚・子育ての障害となっているのです。

実際、労働条件の改善が進んだオランダのようなところでは、「資本主義」の枠内でも一時、合計特殊出生率を１・８まで回復しています。特に、オランダは労働時間の抑制が効いていて、「同一労働同一賃金」原則を厳格に守ったワークシェアリングは「短時間労働」を選択しても時間当たりの賃金は下がらず、日本のようなジェンダー格差を生まなくなっています。そして、週休が基本的に３日間となっていますので、たとえば夫婦が２日ずつ働いて家事を完全平等で分担しても総賃金は変わりません。フルタイム換算で１＋０・５人が働いたり、０・７５＋０・７５人が働いたりといった選択も普通におこなわれています。

「資本主義」の枠内であっても、労使関係にここまで踏み込めばジェンダー格差解消ができる最良の事例であると私は考えています。

ロボットに人間はつくれない

　ただし、資本主義とジェンダーとの関係をこうした直接的な次元で捉えるだけでは事の本質をつかんだとは到底言えません。冒頭で「物質の生産」に並ぶもうひとつの「生命の（再）生産」を掲げたのはそのためで、実のところ、この認識に達するのにマルクス自身でさえ多くの紆余曲折がありました。

　このあたりの事情も先に紹介しました青柳さんの別の著書（『マルクス晩年の歴史認識と21世紀社会主義』桜井書店、２０２１年）の第１章に詳しく書かれていますが、それによると、マルクスは没する３年前の１８８０年にルイス・Ｈ・モーガンの『古代社会』を読んで『資本論』の執筆を中断してしまうほどのショックを受けたということです。そのモーガンの著書には、古代社会における階級社会の形成が家族制度の変遷と深く関わっていることが実証的に示されていましたが、ここでのポイントは「家族制度」が「生命の（再）生産」の主要な場であり、それが現在の父権的な一夫一婦制以前にさまざまな形態をとっていたということにあります。

　つまり、「物質の生産」が原始共産制、奴隷制、農奴制、資本主義といったさまざまな生産様式を経験しているのと同様、「生命の（再）生産」にもさまざまな「再生産様式」があるということで、この視角を重視すると実のところ、『資本論』の説明方法にも大幅な変更が必要になります。この一端は先の表6-1と表6-2のところで説明しましたが、ともかくそれほど大きな論点であるということです。

実際、本書のこれまでの説明でも明らかなとおり、『資本論』の賃金論はそれが子供の養育費をも含んだものとされていましたが、これは逆に言うと、一国の労働力供給は先代の資本家階級が払った賃金で十分賄えているはずだ、ということになります。「資本主義が自分の足で立つ」とはそういうことを意味していなければなりませんので、これは論理的には間違っていませんが、資本主義の現実が農業部門や外国からの労働力供給なしに成り立ってこなかったというのも非常に重要な事実です。

途上国経済を分析する「開発経済学」という分野では「ルイス転換点」という言葉があって、農村からのそうした労働力供給のある社会（転換点前の社会）とない社会（転換点後の社会）をはっきり区別することの重要性が説かれています。「資本主義」の外からの労働力供給の問題がいかに状況を左右しているかを象徴するひとつの問題群とご理解ください。

ただし、こうした農業部門や外国からの労働力供給は第4章でも言及していましたので、本章が問題とし、かつマルクスがモーガンの著書を読んでショックを受けた問題はその先の問題です。労働力の再生産活動の多くが「資本主義」の枠外の「家族」によって担われているからです。問題は、このことの考慮なしに、資本主義の「再生産」を全面的には理解できない、つまり「資本主義」そのものも理解できないということになります。「生命の（再）生産」のための基本的社会関係である「家族」が全面的に分析されなければならないのはこのためです。

なお、こうした「生命の（再）生産」活動が「物質の生産」に代替できない、根本的に異なる分野であることを示すために「ロボットが人手不足をカバーする」との論理がこの分野で通用しないことも付言しておきたいと思います。というのは、端的に言って「ロボットにはモノをつくれても人間はつくれない」からです。「生命の（再）生産」は代替できないからです。

実のところ、とある小さな研究会でこのことを述べた際、ある参加者から「クローンで人間をつくれる」という「反論」が出されましたが、万が一それが可能でも、それで生まれてくる赤ん坊には育児と教育が不可欠です。ＳＦ映画のようにいきなり大人が生まれてくるわけではないからで、この場合、やはり本質的な変化はありません。また、もし、そうした育児と教育が後に述べるような形で「社会」によって供給されるようになっても、それはそれで「家事労働の社会化」なので、広義の「家族関係の変化」ということとなります。

第Ⅲ部

人口問題は資本主義の超克を要求する

第7章　人口問題は「社会化された社会」を要求する

3種類の資本主義超克論

こうして議論を進めてきますと、人口減という事態を克服することが本当に簡単ではないこと、もしそれを目指すとするなら相当に根本的な社会変革が必要であることがわかります。本書の第1章ではフランスが徹底した「少子化対策」をおこなって1・66だった合計特殊出生率をいったん2・02まで戻したということを紹介しましたが、実際、その程度のことをおこなえば日本でも2022年時点で1・26だった合計特殊出生率を1・6程度にまでは引き上げられるでしょう。

ですが、それでは「人口置換水準」と呼ばれる2・07にまでは行きません。そのため、第5章で議論の参照とした鬼頭さんは『2100年、人口3分の1の日本』（メディアファクトリー新書、2011年）という書物で「これまで営々と築いてきた産業社会に代わる新たな文明を創造していく必要がある」と書かれています（214ページ）。「文明」レベルの問題であるということです。

ここで言われている「これまで営々として築いてきた産業社会という文明」とは何かと言われれば、それはもちろん「資本主義文明」ですので、私から言わなければならないことは、「文明という次元の問題である」というだけではなく、「資本主義文明」からの脱却でなければならないということになります。

この人口減という現象は現代社会の問題を明らかにしているのですが、何からの脱却なのか、どこに問題があったのかを明らかとするには、その克服対象としての「文明」が特定されなければなりません。本書では第4章において「ヒト」を大事にする社会であるかどうかという基準を、そして第5章では格差を許容するのかどうかという基準を提起しました。克服すべきは他でもなく「資本主義」(という文明)であるということです。

この「資本主義の超克」論は、この10年ほどのうちに日本でも本書とは異なる2種類のバージョンが大きく取り上げられました。アベノミクスの超低金利を背景に低金利を資本主義の末期的症状として提起された水野和夫さんの議論がひとつと(『資本主義の終焉と歴史の危機』集英社新書、2014年参照)、エコロジカルな観点から資本主義の持続不可能性を主張して最近頑張っておられる斎藤幸平さんの議論です。

斎藤さんの論点は本書第4章でも言及しましたWorld Association for Political Economy

でもつねにドイツのマルクス経済学者が主張してきたもので、「エコロジカル・マルクス主義」と呼ばれ、ヨーロッパを中心に根強い支持者がいます。また、最近では中国でもほぼ同様の主張をするマルクス経済学者が増えています。

水野さんの論点は、低金利・低利潤が資本投下先をなくし、それが資本主義の存続を不可能にするというもので、その「持続不可能性」の根拠として、利潤獲得が困難となった実物資本への投資から金融・不動産部門への投資へのシフトが、資産家に有利な所得分配状況を生み出し、それが中産階級の没落を招くという社会経済的状況にも言及されています。

他方、これまで人口問題は先の鬼頭さんの著書のようにさまざまに議論されてきましたが、それらは「資本主義の問題」としては論じられてきませんでした。それを本書ではその次元で議論したいということになります。

実のところ、私はマルクス経済学者として慶應義塾大学で11年間、「マルクス経済学」の授業を担当し、その中で「資本主義の賞味期限はすぎた」「先進国はすでにポスト資本主義を必要とする段階に達している」と主張してきました。数理モデルのかたまりのような私の『マルクス経済学（第3版）』という教科書も、もちろんそれを「証明」するための書物としてありますが、そこでは人口の問題は扱わず、基本的には水野さんと同じタイプの問題を論じてきました。

水野さんは「利子率」と「利潤率」をほぼ同じものとして議論されていますが、私の場合は両者を厳密に区別していますので、人々の主観的な時間選好率（将来に消費することよりも現在に消費することを好む程度。それが5％であるとは、今年の消費のために来年に1・05倍のお金を返済してもよいと考えることになる）で外生的に決まる利子率ではなく、成長過程で変化する利潤率の長期的低下を成長論モデルで導き、それが資本蓄積という資本主義の歴史的役割の終焉を意味するものであるという論理で「資本主義の終焉」を論じています。利子率と利潤率の厳密な区別の有無を別とすれば、水野さんの議論と同じです。

そして、利潤率の長期的低下はマルクスの『資本論』が最も重視した歴史法則ですから、マルクスの主張に沿った議論となっています。ちなみに、こうして低下した利潤率は利子率の低下を通じて各種資産価格を上昇させ、バブルの呼び水ともなっています。実物経済への投資先がなくなり、金融や不動産だけが有効な投資先となってしまうからです。これは水野さんも指摘していることで、やはり資本主義の末期的症状としか言いようがありません。

ですが、本書では、これらの問題に加えて「人口的持続可能性」という意味でも資本主義が終焉の時を迎えていると主張することになります。そういう次元の問題であるということを確認した上で、以下、その理由について具体的に述べたいと思います。

出生数の「個人の選択」と社会的要請の矛盾

まず最初に述べたいのは、私がここでいくら「合計特殊出生率は2・07が不可欠」と叫んでも、それはそれぞれの家庭に「子供を産め」と言っているわけではないということです。これは慶應義塾での私の授業である学生から出された質問でもあるのですが、現在は生涯独身を目指す人々もいればLGBTQの人々もいて、多様な生き方が自由に選択されなければならない社会になっているということもあります。特に、この「生涯独身」というのは、それが可能な社会システムになったことを最近強く感じます。

実際、私自身も2012年に東京に移ってきて以来、単身赴任を続けていますので「独身状態」がずっと続いていますが、それで何の不自由もありません。家の中に複数人が存在しなければならない社会はとうの昔に去っており、家庭電化も進めば、そもそも配偶者が別々の職場で別々に働く社会というもの自体が婚姻の必要性を本質的に逓減させてきました。

第5章でも少し見ましたが、そこが室町前期までの「大家族」が一軒の農家として協力しなければならなかった時代や、その後の室町後期〜江戸前期に「小農」核家族が一緒に農業を営んでいた時代との違いです。過去には結婚して家族を形成しなければならない必要性＝必然性（ついでに言うとこの小経営体を継続していくために世継ぎをもうける必要性）があったのですが、それが完全に消滅してしまっているからです。

したがって、現代では経済に余裕があってもあえて子供を持たない夫婦も増えています。人生の選択としては十分ありうることですし、今の若者たちの感覚にはそのほうがマッチしているかもしれません。

とはいえ、「個人の選択」「個人の利益」からすればそうでも、その単純な総和がまわりまわって「個人の不利益」となってしまうということを忘れるわけにはいきません。それは、今の若者が最も恐れていることですが、年金を受け取る世代と年金基金に拠出する世代がずれているということから生じます。現在の若者世代が老人となって年金を受け取ろうとした時、基金に拠出する世代はどれくらいいるのだろうか、という問題です。

年金基金に拠出するのは自分の子供ではないのでいいとしても、皆が皆、そういう判断で子供を育てずに老後を迎えれば、年金基金は枯渇してしまいます。この時、過去に拠出した人々が年金を受け取ることができなくなります。そのため、ここは「社会的な観点」から社会が設計される必要があり、単に各人の選択が尊重されるだけでは駄目だ、という問題があるということになります。

実のところ、このような問題は経済学においてはつねに検討の対象となっていて、「合成の誤謬《ごびゅう》」という問題領域として定式化されています。たとえば、みんなそろってせっせと貯金をするということは、反対に言うとお金を使うのを控えるということなので、社会全体では経済はむしろ萎《しぼ》んでしまい、賃金が伸び悩むようになって貯蓄額が増えないというような事例としてよく議論されています。

この場合は、貯蓄の増は支出の減なので社会全体の総需要⇓国民所得が縮んで（成長率が低下して）、貯蓄の「率」は上がっても「額」での上昇に失敗するという論理として説明されています。特に総需要の増大なしに国民所得は増大しないというケインズ主義的な需要決定論ではこうした結論が導かれますので、ケインズ経済学において特に重視される論点です。

ただし、先に見た年金の例ではちょっと違った「合成の誤謬」の現れ方をします。というのは、「個人」としては自分の老後のために一生懸命年金を貯めても、年金基金への支出が負担となって少子化が進行してしまっては、「社会」として見た場合に後々の年金基金拠出者が枯渇してしまいかねないからです。これはケインズ主義的な「合成の誤謬」ではなく、「人口論的な合成の誤謬」とでも言いましょうか、ともかく、「個人」と「社会」との利害の相違の問題という意味では完全に話が通じています。

ですから、問題は、個人的な合理性と社会的な合理性が矛盾するということで、その調整のために特殊な所得移転が社会的に求められることになります。経済学にいう「外部性の内部化」という議論で、この場合は将来に必要な子供が十分に産み育てられることを目的として、諸個人がそうしたくなるだけの十分なインセンティブ（個人的誘因）が与えられなければならず、これが所得移転という形を取ります。そうしないと老後の各人の利益を生み出す出産と子育てが自分の利益として認識されないからです。

経済学では自分の利益とならないという特質を「外部性」と言いますので、それを自分の利益とする、つまりこの場合には十分な所得移転で出産と子育てが自分の利益となるようにすることが求められます。それを「外部性の内部化」と呼ぶのです。

社会主義とは「社会化された社会」のこと

このような社会は「社会」的な意味での「外部効果」を重視し、その「内部化」のための「個人」の自由な選択行動への何らかの介入を求めるという意味で、私はこれを「社会主義社会」と理解しています。過去の旧ソ連や東欧にあった社会とはまったく異なっていますが、近年に、アメリカのバーニー・サンダース上院議員などが語っている種類の「社会主義」とはこういうものなので、これまでの「社会主義」への先入見なく理解しやすくなっています。

たとえば、2020年3月11日付け「フォーブス」には当誌編集者のランダール・レインが書いた「サンダースは『社会主義』の再定義に成功　資本主義支持の若者は4割」という記事がありますが、そこで紹介されているサンダースの「社会主義」の定義は「無料で保障された医療」「授業料が無料の大学」「気候変動への対応」というものでした。気候変動問題に関する3点目の「定義」を除けば、要するに医療や教育の無償化です。こうした社会的必要事は社会の責任で社会が負担すべきという考え方です。私はこの考え方をより「社会主義」という言葉に接近させて「社会化された社会」という風に理解しています。

実際、「社会主義」という言葉を最初に使ったのは「自由、平等、友愛」の語を普及させたフランス人哲学者ピエール・ルルーで、彼が1832年に「personnalité」の対比語として「socialisme」という言葉を使ったのが最初と言われています。だいたい「社会主義社会」という言葉を最初に聞いた際、その「社会」というのはわかるが、その「社会の主義」って何のこと?と多くの人が感じたのではないでしょうか。

しかし、この語源に帰れば話はかなりすっきりします。Socialize されているかどうかが基準なのであって、たしかに、少なくともこれまでの近代史においては、最初に教育が、次に保健医療が社会化されてきました。

教育については、日本の場合、寺子屋という制度が幕末以前に成立していましたが、「国民学校」が成立し、現在の小中高、大学という形で公教育が整備されてきたのは、教育というものは社会が担うべきものである、という考えが一般化したことを示しています。とりわけ、小中学校が義務教育とされたのは大きいことで、ここでは教育が公的予算によって公的に担われることとなりました。少なくともこの段階の教育が「個人によって担われるべきもの」ではなく「社会によって担われるべきもの」に変化したことを意味しています。

また、近年、新型コロナウイルスのパンデミックを経験し、「保健」というものがいかに「社会」の課題であるかを私たちは知りました。社会全体に疫病が拡がっていては自分だけ安全に生きるということができないからです。また、「医療」分野の保険制度も社会は整備してきています。これも「社会によって担われるべきもの」との感覚が一般的になったことを反映しています。病気というものが誰にも確率的に発生するものであれば、「個人の問題」とは言えないという感覚が背後にあるものと思われます。

とはいえ、この「社会化」はまだまだ未完成であって、たとえば「老人介護」はそうなっていません。私のような世代はだいたい、両親がすでに亡くなっているか、そうでなければ要介護状態かのどちらかとなっていますが、後者の皆さんは本当に大変です。同級生会か何かで会えば、君のところはよかったね、うちは困ったことに……なんていう話題が尽きないのですが、それは言い換えると、こうした問題はまだ「個人の問題」として処理されていることを示しています。「あなたの親なんですから」というわけですが、このように確率的に生じる老人介護の問題を「個人の問題」として処理していいものかどうか、私には疑問です。私はこれもまた「社会化」されなければならないと考えます。

ともかく、こうして最初には教育が、続いて保健、医療というように、歴史の経過によってひとつひとつ社会によって担われるようになってきました。こういう過程が「社会化」であって、それによって形成された社会が「socialized society」となります。社会は最初から「社会化」されているのではなく、このような意識的な変革によって「社会化」されるということとなります。

教育の無償化は人口政策

この「社会化」の概念には以上では言い切れていない、まだまだ奥深いものがありますので、それを示すためにもうひとつの事例を挙げさせてください。それは、山田昌弘さんが『結婚不要社会』（朝日新書、２０１９年）で紹介しているスウェーデンにおける子持ち夫婦の離婚への行政的介入のあり方についてです（１４６ページ）。

スウェーデンのような社会では離婚が夫婦の一方の届け出で成立するという「離婚の自由」原則を守っているのですが、16歳未満の子供がいる場合には行政が介入し、離婚の届け出があっても1年間はそれを認めません。その上で重要なのは、離婚した相手からの養育費の徴収を行政が肩代わりをして、子育てを担う母親（ないし父親）が取りっぱぐれのない内容にしているということです。

ささいなことのように見えますが、日本では養育費の徴収は「個人間の問題」とされて行政が関与しないのに対して、スウェーデンでは「社会の業務」とされているというのが重要です。このようなものも「社会化」のひとつの内容であるのです。この制度があって初めてスウェーデンでは安心して離婚をすることができることとなっています。離婚しても愛する子供の扶養に問題がないからです。子供の権利を最優先した制度設計によって、「離婚の自由」も完全になるという一種パラドキシカルな関係が成立しています。

実を言うと、今日のフランスやスウェーデンでは結婚していない女性から生まれた子供が多数派であるそうですが、ここまで進んだ社会ではそうした子供たちへの社会的偏見が希薄となるとともに、母子家庭の貧困問題は皆無と報告されています。子供の立場からの手厚い社会保障があるということになります。

子供の立場から見た時、こうして「社会化された社会」のシステムは非常に平等な社会に見えます。母子家庭で生まれたかどうかはまったく関係のないことで、育つ過程での教育費の心配もありません。こうした社会で教育の無償化が進んでいるのは、単に「教育が重要」という趣旨にとどまらず、「人口政策」としての意味もあるのだということです。

すべての子供が完全に平等に扱われる社会であってこそ、本当に安心して子供が産める。

この趣旨で、次の章では少子化克服にとって不可欠なもうひとつの側面＝「平等化」という側面について論じたいと思います。第5章で論じた「格差社会」克服の課題の問題です。

第8章　人口問題は「平等社会」を要求する

「社会化」は言えても「平等化」は言えない専門家

第5章で論じたのは社会格差こそが人口減の主原因というものでありましたので、「平等化」の課題が論じられなければなりませんが、この課題、私たちが生きている資本主義社会では「社会化」以上に抵抗の強いものです。たとえば、先の章の末尾でスウェーデンの「社会化」を高く評価していた山田昌弘さんも、残念ながら社会格差自体は容認する立場のように見えます。山田さんは過去に旧厚生省の人口問題審議会の専門委員を務め、現在も内閣府の男女共同参画会議議員でおられる重要人物ですが、いわばそうであるからこそなのでしょうか。前章で紹介した書物では次のように書かれています。

「合計特殊出生率が全国トップの沖縄県では、非正規雇用の男性の割合があまりにも多いので、そういう人と結婚しても友人や親戚から何か言われることは少ないのでしょう。それが沖縄の当たり前、いわば見栄を張る必要がないのであって、だから非正規雇用の男性の結婚も多く、そのおかげで結婚して子どもが生まれる割合が全国でも特に高いというわけです」（171ページ）

「私が議論しているのは、たとえば『本当は中流生活をしたいのに、100万円しか収入がない』といった、世間体や見栄にとらわれている多くの日本人のことなのです」（173ページ）

「日本を含めて世界的に格差社会は顕著になっています。けれども日本人は、まだ中流が標準だという意識が強くて、人並みの生活ができない、我が子にさせられないということだけはどうしても避けたいのです。だから近代的結婚に固執せざるを得ないというわけです」（176〜177ページ）

この最後の引用の「近代的結婚」というのは山田さんが名付けた結婚のあり方なので、どういうものかを説明しなければなりませんが、それを山田さんは「好きな相手と結婚して新しく豊かな生活を築く」（134ページ）というものとしていますので、要するにこれら引用文全体としては、非正規労働者はそれを諦めよ、諦めないので結婚ができず、よって人口が増えないのだ、と言っていることになります。私に言わせると、格差自体を解消できないのだから、それを沖縄のように受け入れるのが大事、という主張となります。

スウェーデンのような「社会化」を高く評価して、おそらく日本政府にもその主張を強くなさっておられるような方も、格差自体の解消は議論の対象とはできてはいない、それを前提としてしか議論できていないという事情がここには端的に示されています。マルクス経済学とそれ以外のリベラル主義との決定的な相違がここにあります。

新自由主義が根強い理由

実際、こうした思潮の根強さにはさまざまな根拠があります。たとえば、前章で述べた年金制度では、現在の若者たちが将来、拠出に見合う受け取りができない可能性について述べましたが、それなら年金制度なんか止めてしまえ、といった極端な議論が成立するといった事情もあります。生産年齢の時期に民間銀行か保険会社にお金を貯め、それを老後に使うのだったら取りっぱぐれがなくなるからで、残念ながら、これはこれでひとつ筋の通った議論となっています。現在、「老後の生活には１世帯２０００万円が不足」ということになっていますが、それをどう補償するかで民間金融機関が大いに参入しているのもその表れです。

ただ、そういう次元にとどまらず、資本主義には本質的にこうした「新自由主義」の思想が染みついているところがあり、最近もアジア経済研究所が主宰するあるＺｏｏｍ講演会でそのことを体験しました。「アフリカへの中国の進出が進んでいる、それにどう対処するか」を論じたアジア経済研究所のアフリカ部門の研究員であった平野克己さんの講演で、そこでは日本の一発逆転の秘策は優秀な戦略家を高額な報酬で雇うこと、との提言がなされていたからです。

私自身はそもそも、どうしてアフリカで中国と対抗しなければならないのか、100万人をアフリカに駐在させている中国にどうして7500人しか送れていない日本が対抗できるのか、と考えてしまいますが、たしかに「それでも対抗せよ」と日本政府中枢から依頼を受ければ何らかの「対抗策」を考えねばならないのでしょう。ともかくその「秘策」を思いつける人材を高額報酬で雇うしかないということで、円安でそうした人材をどんどん雇いにくくなってしまっている以上、平野さんは日本国内の賃金格差を一気に広げ、それによって高額所得層のドルベースの所得水準を引き上げるしかない、平等主義から脱却せよ、という主張でした。

普通に聞けば何という意見か、と思われる議論ですが、平野さんはそういう鋭角的なもの言いの好きな方のようで、戦略家の本音をよく表していると思います。アメリカあたりにはこういうものの考え方が圧倒的に強く、「新自由主義」が欧米起源なのがよくわかります。

たしかに、その典型であるところのアメリカに過去に1年間住んでいた時に思ったのですが、アメリカは豊かか、という問いに簡単には答えられないのです。想像もつかないような超金持ちがいれば、他方で日本以上に貧困な家庭が膨大に存在する社会で、その両方を合わせれば、この「格差」こそを合理的なものと考えて成立している社会であると理解せざるを得ないことになります。

ただ、それでは「格差」がなぜ「合理的」なのでしょうか。彼らの感覚では、アメリカは世界中で最も優秀な各方面の人材を集めるために最高の報酬を用意する、これがアメリカの力の半分を構成する、となります。が、それを実現するためには、そうでない底辺労働者をぎりぎりまで低賃金に押しとどめるのが大事、となります。彼らに言わせれば、その程度の仕事しかできない単純労働には「労働に見合った報酬」でよいのであって、払いすぎてはならない、ぎりぎりの低賃金が最適、ということになってしまうのです。

実際、私自身も２００２年から２００３年にかけての１年間、ニューヨークのクイーンズというところに住んでいた時、アパートの雑用係のプエルトリコ人が本当にひどい労働条件で働かされているのを見ました。その年は例年より寒くてしょっちゅう大雪に見舞われていましたが、その中でも彼にはどこにも居場所がなく、椅子さえないもので、雪の解けた寒いアパートの階段のところで凍えていました。また、彼は毎日朝７時から午後３時まではこのアパートで働いていましたが、その後マンハッタンのどこかで別の仕事をやっていました。

つまり、毎日2ヵ所で働かなければならないほどの低賃金の状態にあったということです。アメリカは底辺労働者に何という扱いをするのか！と思ったのですが、ある時、ある「アメリカ経済専門家」に会った際に、それこそがアメリカの強みなのだ、と教えられました。彼らにそのような扱いをして初めて、資金を上流階層に回すことができる、そしてそれがアメリカの力なのだ、というわけです。先の平野さんの意見に通じる話ですが、どんどん余裕のなくなってきている日本もまた、この方向への圧力の強まりを感じざるを得ません。

たとえば、例のカルロス・ゴーンをフランスから連れてきて日産のCEOに据えた時、日本はこうした「アメリカ的経営」を無条件で賛美する空気に包まれていました。後にそのひどさが暴かれましたが、そうなる前の彼の経営への賛美はすさまじいものでした。ちょっと引用しますと次のようになります。

日産自動車に舞い降りた救世主

退路を断って結果に責任を取る姿勢を見せた外国人の潔さ

しがらみの中を生きてきた人間に、その呪縛を断ち切るというのは土台無理な話である。

〝異邦人〟であるゴーンが登場しなければ、ずるずると衰退の道を歩んでいただろう。

これは『カルロス・ゴーン リーダーシップ論』(日経BP、2013年)にその編集者が書いた讃辞ですが、ここで私たちが知らなければならないのは、この「リーダーシップ」の中身とは、5つの工場を閉鎖し、2万1000人の首を切ったということ、その一方で自身への役員報酬が年間25億円(推計)では安すぎるとクレームをつけたということでしかありません。

たしかに普通の日本人ならできない「リーダーシップ」にほかなりませんが、不採算部門の別部門への転換ではなく、単なる切り捨てで利益率の「V字回復」ができたとしても、それはいわば当たり前のことで、経営者たるもの、不採算部門の転換こそをもっと考えるべきではなかったでしょうか。実際にそういう転換で成功した企業は世の中にはいくらもあるからです。

経営者として評価されなければならないのは、そうした経営者のはずですが、当時の論壇はまさしく「新自由主義」の吹き荒れる状況で、ただただゴーンを賛美するだけでした。つまり、労働者の生活を顧みず、それを無視することこそが勇気ある経営であって正しいのだ、というような風潮です。ちなみに、ゴーンはこの当時、ベスト・ファーザー イエローリボン賞(経済部門、2001年)やレジョンドヌール勲章、藍綬褒章、名誉大英勲章、日本自動車殿堂者といった数々の賞を受賞しています。

「神対応」に見る日本の「国のかたち」

この「平等化」へのエスタブリッシュメント層の抵抗は本当に強いものがあり、簡単ではありません。そして、その影響下に、庶民自身の間にも「平等自身はいいにしても、それでは経済に悪影響があるのでは？」との考え方が蔓延しています。本当にそれでいいのでしょうか。

もちろん、この問いへの私の回答はすでに提出しています。ただ、それをさらに根拠づけるためには、やはり「人口」という要素を各国、各社会は真剣に考えなければならない、ということになりましょう。つまり、新自由主義で日本人口が半分になっても「経済に悪影響」と考えないのかどうか、貧困者を放置した結果、優秀なその子供たちに適切な教育が施されなくても「成長」が可能なのかどうかという反論です。

特にこの後者は、たとえ貧困層が人口的に「貢献」したとしても、新時代に対応した教育を施せなければ、その意味でちゃんとした人口の再生産になっていない、との理解をも導きます。これはある種、前章で述べた「合成の誤謬」問題でもありますが、ここでのポイントはそれを人口問題として論じている、というところにあります。必ず貧困者をつくり出すような社会は優秀な人材を人口的に再生産する上で決定的な障害となります。それではその社会は持続できないでしょう、という話です。

ただし、この話に加えて私として論じておきたいことは、こうした「格差」こそが目に見えない「コスト」を本当は形成しているということで、それもまたアメリカで何度か経験しました。そのひとつを紹介すると次のようになります。

それは、フロリダのユニバーサル・スタジオの「高級ホテル」に泊まった時のことです。きれいなホテルですべての施設が万全であるように見えて、私の部屋には2つの問題がありました。ひとつは部屋の引き出しに前の客のゴミが残っていたこと、もうひとつはヘアー・ドライヤーがショートをしてぶちっと切れたことです。ささいな話ではありますが、このような体験を私は日本のビジネス・ホテルでもしたことがありません。何倍ものお金を払った「高級ホテル」の初日にこのようなことがあって私は正直面喰らいましたが、私の解釈は、これはこの程度の賃金しかベッド・メーカーに払われていない、というものです。

ヘアー・ドライヤーはベッド・メーカーの仕事のクオリティーではなく、家電企業の仕事のクオリティーでしょうが、区別しないで議論することをお許しください。要するに過酷な低賃金労働ではやはり仕事のクオリティーも落ちるということで、この差が比較的平等な日本との違いではないかと考えるのです。

また、この「日本との違い」はアメリカから飛行機に乗って（別の機会にですが）日本に帰ってきた時に強く印象付けられました。というのは、アトランタ発成田着の飛行機が5時間ほど遅れたために、その日のうちに京都の実家まで帰れるかどうかを心配しつつ成田に降り、そこで鉄道窓口に相談したところ、恐ろしいほどの「神対応」を経験したのです。実際はそれからすぐ東京駅に行っても京都まで行ける新幹線はなかったのですが、鉄道窓口の女性が、名古屋までの新幹線になら東京駅で最終便に乗り換えられると教えてくれました。その日のうちに名古屋まで行き、駅前で一泊して翌早朝に名古屋を出れば京都の出勤に間に合います。それをすべて計算して瞬時に答えた窓口職員の対応はまさに「神対応」でした。アメリカでなら「I don't know!」（中国でなら「不知道！」）と答えられて終わりの質問に瞬時に答えられる職員を抱えている日本とはどういう国なのかとつくづく考えさせられました。

私が改めて思うのは、この仕事はこの程度の能力でできる、と簡単に考えず、どんな仕事にもクオリティーがあるということ、ひとりひとりがその職業意識をもって、ハイ・クオリティーな仕事をする国というものの力がどこかにあるのではないか、ということです。言い換えますと、これこそが「国のかたち」ではないでしょうか。

実際、私がお付き合いをしている貿易会社社長の方もこのことを指して「日本のパワーは末端職場の仕事のクオリティー」と表現されています。末端労働者にもちゃんとした賃金が払われ、有り余る能力がつけられることによる見えない生産力の問題です。先に述べましたように、私はこれを十分な質を備えた人口を確保する問題、という文脈で理解したいと考えています。

貧困者をつくらなければいけないのが資本主義

ただし、この日本でも上述のように「新自由主義」の思潮は強まるばかりで、そういう視角からは先の「神対応」というのは「古き良き日本」の名残りでしかないようにも思えてきます。そして、そのため、この「新自由主義」には、それからの脱却が「資本主義からの脱却」なしに果たせないほどの根深い関わりが「資本主義」との間にあることを知らされます。それには、そもそも「資本主義」そのものが社会の一方に貧困者をどうしてもつくらなければならないという本質を持っていたということが原因しています。

たとえば、本書第4章でマルクス経済学の「資本主義観」を概説したところをふり返っていただきたいのですが、資本主義を生みだした産業革命は（生産関数におけるαのジャンプによって）「ヒト」ではなく、機械設備の蓄積がより優先して求められるような社会にシステム転換していましたから、そこでは社会的総生産のうちのより多くの部分が「生産設備の拡大（蓄積）」に割かれなければならなくなりました。

現在はこの「機械設備」にＡＩなどの高度な情報処理ツールが付け加わっていますが、本質は同じです。これは当然、賃金分配の抑制を必要としますので、貧困の原因となります。「ヒト」ではなく、「機械」が重視される社会の必要悪であって、この「必要」を担う人間集団は「資本家」となってその報酬を受けることとなります。企業家利得というものはこのことで、ゴーンが得ていたと言われる年額25億円がその典型ということになります。

この経済システムでは2つの社会階級が必然的に生み出されます。機械と結合して生産活動を担う労働者階級とそれを企業家として担う資本家階級ですが、後者がその「成果」に応じて利潤の分け前を受け取る一方で、前者の労働条件は低ければ低いほど投資＝蓄積資金としての利潤部分の確保が容易になるのでよい、とされてしまうことになります。

つまり、資本主義はこうしてその始まりから本質的に低賃金で働かせる労働者群を必要としており、要するに「経済格差」は最初から必要事であったということになります。資本主義でありながら平等を求めることがなぜ困難なのか、それが資本主義の本質にどう根差しているかをこのように理解してもらえればと思います。

付言すれば、この低賃金労働者群の労働者が自分の賃金で再生産できなくとも資本主義は一向に構いません。農村から余剰人口が供給されても、外国から供給されても一向に構いません。資本の負担なしに供給されるのであれば、むしろそのほうがありがたいくらいです。実際の資本主義がそのようなものに期待し続け、資本主義内部での再生産を怠ってきたのはこのためです。現在の人口減、労働力不足はこのようにして生み出されました。

こうして人口問題の解決にはどうしても「平等社会」が不可欠であることを見ましたが、それが「資本主義」の本質と鋭く対立する以上、私たちが求める社会はもはや「資本主義」ではないということになります。それは私に言わせると「共産主義」の本来の意味に通じます。

ところで、「共産主義」という言葉は欧米起源で、それは英語ではcommunismと表現されますので、これは社会がコミューンとして形成されなければならないという考え方を表しています。つまり、「共同」と「平等」が理念として含意されているわけで、たとえば一国の生産活動が直接的な意味で共同作業としておこなわれることが不可能である以上、「平等」がその実際的な中身であると言えましょう。本書でこうして「平等社会」が不可欠という時、それは「共産主義が不可欠」と言っているということになります。

私は前章で、「社会主義」の定義を「社会化された社会socialized society」として示しましたが、それとの対比で「共産主義」は「平等化された社会equalized society」と言ってもいいと考えます。両者の概念はもちろんきわめて深い関係にはあるのですが、それらが究極において意味するところは違っている。しかし、少なくとも本書が課題とする人口減の解消にはそのどちらもが不可欠となっていると総括されなければなりません。

これらは一般に流布されている「社会主義」や「共産主義」の概念とは異なりますが、少なくとも私はこのように考える、ということです。

第９章　真の解決は国際関係も変える

外国人労働依存の負のループ

ここまで本書では人口減の克服には「社会化」と「平等化」が不可欠であると述べましたが、日本を含む大多数の資本主義世界はせいぜいが「社会化」の部分的推進にとどまっています。そして、その代わりに、やはりまた外部からの人口補充で乗り切ろうとしているように見えますが、それは自国労働者の人口再生産を放棄するとともに、外国人労働者との新たなコンフリクトを生み出すという点で問題です。

国立社会保障・人口問題研究所は２０２３年４月に新たな将来推計人口を発表しましたが、それによると２０７０年の日本人口のうちの１割までが外国人になるということです。人口構造がこの点でも「欧米化」することになりますが、移民との摩擦の多い「欧米化」で本当に大丈夫でしょうか。

欧米での移民との摩擦については、つい最近もイタリアで次のような問題が発生しています。2023年の4月に右翼政権を構成する主要閣僚のひとりが「イタリアが外国人に乗っ取られる」というような発言をし、物議をかもしたという事件です。

欧米の国々はどの国でも流入外国人労働者との摩擦が慢性的な問題として存在しており、深刻です。と言っても、これが「慢性的」なのは、欧米先進国が衰退過程にある資本主義として自分自身で労働力人口を再生産せず、よって「慢性的」に労働力不足となっているからですが、その穴を埋めるべく都合よく利用される外国人はもともとの、たとえば「イタリア人」とは別ものとして扱われます。そして、そのような扱いであるからこそ、そういう偏見の目で接しているからこそ移民との間でコンフリクトが生じることとなっているのです。

また、このようにも言えます。こうしてやってきてもらった外国人を、それぞれの先進国は単なる安価な労働力としか考えていませんので、思い切り低賃金とします。が、こうなると国内で彼らと競合する底辺労働者層は困ります。それにつられて低賃金で働かされることとなってしまうのですが、それはよく考えると彼らが労働力を再生産できなくなるということを意味しています。つまり、こうして再び人口減⇓労働力不足⇓外国人労働力への依存という負のループに陥ってしまい、いよいよそこから抜け出せなくなるということです。このようにして人口問題は再び別の人口問題を生むこととなっています。

たしかに、「外国人労働者との軋轢《あつれき》」は、日本においてはまだそれほど表面化していません。使うだけ使って要らなくなれば本国に送還するという閉鎖的な日本の入管行政は、名古屋出入国在留管理局の収容施設で非人道的な扱いをうけたスリランカ人ウィシュマさんの死によって明らかにされ、世間の話題を呼びましたが、まだ今のところ、在日韓国・朝鮮人へのヘイト運動のような民衆レベルのところでの排斥運動は起きていません。ただし、今後、少しずつ欧米的な状況に変化した場合、このままで済むのでしょうか。国内での格差の拡大が進み、日本の底辺労働者との競合が構造化した時、欧米のようにならないとも限りません。

とりわけ、最近の日本の外国人労働者行政はあまりに急ピッチで受け入れに前のめりとなっていて心配されます。安倍政権時に外国人労働力の利用制限が大幅に緩和されたと思ったら、2023年4月には日本政府の有識者専門会議「外国人雇用対策の在り方に関する検討会」がまた新たな提案をおこなっています。その提案とは、日本で技術的なスキルを学びながら働く外国人を受け入れる技能実習制度を廃止し、さらには雇用主の変更制限の緩和で、外国人労働者の滞在期間を延長しようとするものです。

これまでの外国人労働行政は、すべての外国人労働は「技能実習」であり、それによる技能開発で途上国に貢献するというのが建て前でした。このためにそうした方々の永住を拒否し、契約期間後の帰国の強要⇒従わない場合の収容所送りとなってウィシュマさんのような悲劇を生んだのですが、どう見ても実態と乖離《かいり》した「建て前」にしがみついたこれまでの外国人労働者行政は問題でした。

ですので、それを見直し、国内での外国人労働の建て前を放棄し、それを「労働力不足を補うもの」と正直に認める今回の提言はその限りで正当なものです。ですが、その「改正」が、問題の根本原因たる自国の人口不足、そのさらなる根源的原因たる自国労働者の貧困問題を問わない形で進行するのであれば、この措置は一層の悪循環を招きます。外国人労働者のさらなる参入によって一層の賃金切り下げが進むからですが、考えてもみれば、そうだからこそ欧米の底辺労働者が「移民排斥」で動いてしまっているのです。

しかし、もちろん、「移民排斥」は労働者の正しいリアクションのあり方ではありません。以上に述べた意味で本来は彼らとの連帯こそが必要なところ、逆に彼らと異なる利害関係を持っているかの如くに捉えられてしまっているからです。ここで述べたような問題の整理ができていなければ陥ってしまう、表面的な理解の帰結です。

実際、私が所属している比較的小さなサイズのマルクス経済学の学会でも同じような議論がありました。「外国人労働者の人権」はその会員諸氏の関心事なのでしっかりと議論はされるのですが、どうしても「外国人労働者と国内労働者の利害の共通性」というところにまで理解が到達しません。そして、それはこの外国人労働への依存が日本の人口不足に起因し

図9-1　日本の平均最低賃金に比べた、上海市およびホーチミン市の最低賃金のキャッチ・アップ

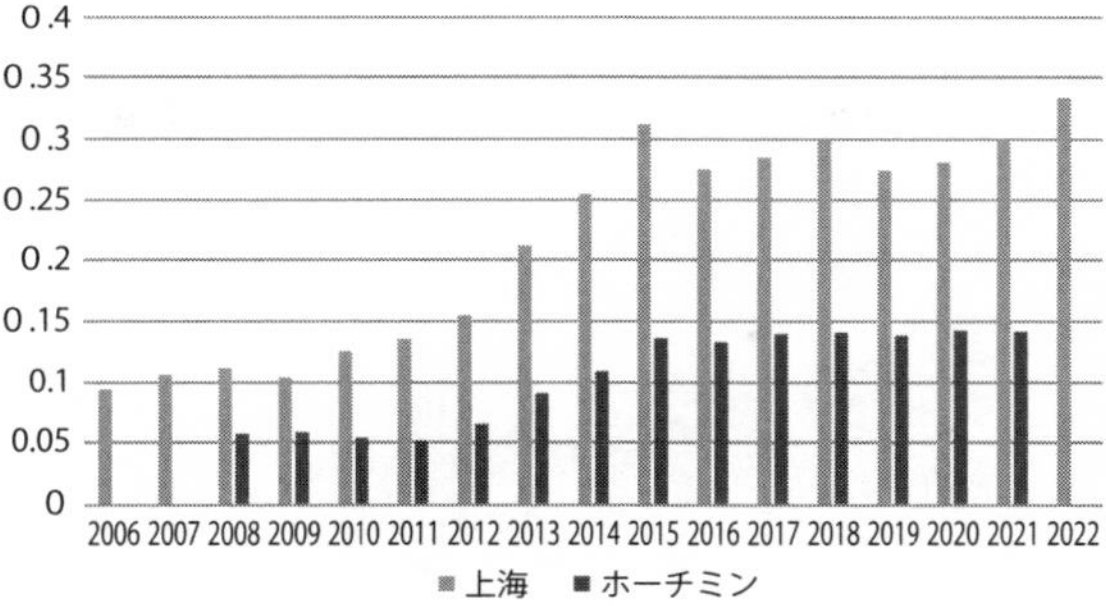

データ出所）https://take-profit.org/en/statistics/wages/

ていること、そしてまた、その人口不足の原因が日本の労働者の低賃金構造にあることがしっかり認識されていないことによっています。私が本書で人口問題を縷々《るる》述べてきたのは、まさにこうした対立を取り除きたいと考えたからです。

途上国の発展が日本の不利益に

ただし、こうして見てきました体制側の「外国人雇用による解決」も近年どんどん困難になっているという事情も述べなければなりません。というのは、先進国がゼロ成長にあえぐ一方で途上国のキャッチ・アップがものすごい勢いで進行し、彼らにとって労働力の供給先としての日本の魅力がどんどん減少しているからです。特に近年円安が進行している日本の場合はそれがさらに深刻で、**図9-1**は中国・上海の最低賃金がすでに日本の平均的な最低賃金の33％程度に迫っていることを示しています。つい十数年前には10％に満たなかったのが、すでに33％となっているわけです。

なお、このデータとは別に２０２２年の北京の時間当たり最低賃金を調べると25・３元となって、上海の23元より高くなっていますが、これを円換算すると４９３円となります。東京の１０７２円のほぼ半分です。10年もたてば７〜８割までに到達するかもしれません。さらに10年経てばベトナムもその水準に達しうることをこのグラフは示しています。

外国人労働者は、本来最も住みやすいところであるはずの自国を離れるにあたってかなりな決意をしているはずです。そのためには、それ相応の賃金格差が自国との間でなければなりませんが、現在、その本国の発展によって本国内に有利な働き口がどんどん生まれていますので、賃金上昇の見込めない先進国に行くメリットが急速に消失しているわけです。近年における日本の円安はそれを大幅に加速していますが、「松屋」で毎日朝食を食べている私にはそれが正直、気が気ではありません。そこで働いている外国人の皆さんの所得がどんどん目減りしているからで、近くの別のファスト・フード店では中国人が完全に消え、ネパールやインド、ミャンマーなど、さらに低所得の国の労働者が働くに至っています。その国もこれからどんどん発展するでしょうから、将来が思いやられます。そして、ここで読者に気づいていただきたいことは、この時、私たちは途上国の発展を自分の不利益としてしまっているということです。

建て前としては（技術移転を通じた）「途上国の発展」を願って外国人労働力を受け入れていたはずの日本でも、何と実際にはその発展こそを不利益とするような国際関係に陥ってしまっている、ということです。

実際、外国人労働力に私たちよりずっと依存してきた欧米諸国が、まさにその利害関係によって中東やアフリカ、そしてラテンアメリカの途上国の社会をひとつひとつ壊していったのではないかと私には思えてしまいます。たとえばイスラエルの建国に始まる中東での永い紛争を見て、欧米人がその地の安定や発展を意図していたものとは私には正直、思えません。これは近年における「民主主義の輸出」で、イラクやアフガニスタン、リビアやシリアなどで生じた事態を見ても言えます。

その意味では古くは日本が、現代では中国がインフラ建設を中心に途上国支援に一生懸命であることと鋭い対比をなしています。多少ひいき目に見ていると言われるかもしれませんが、私には、お隣の中国も含めて、アジアの援助国は「価値観」などという問題に拘《こだわ》るのではなく、ただただ途上国の経済開発に一生懸命だったように見えます。そして、こうした姿勢の欧米との違いの根源は、途上国を労働力の供給元としてしか見ていないのかどうかにあったと私には見えるのです。

奴隷狩りシステムの再構築

ただし、この特徴はより深く、古くローマ時代に遡る抜きがたい西洋の特質という理解が必要なようにも思われます。古代ローマの海外遠征はもともと遠征先を統治することより、そこから奴隷を調達することに目的がおかれていたからで、それがローマ奴隷制の本質でした。つまり、支配階級たる「市民」がその支配対象としての奴隷を獲得するのがこの戦争で、その利益を得られるからこそ「市民」は喜んで戦争に参加したのです。この構造が、「統一」はしたものの、奴隷として諸国から労働力を調達しようとしたのではない秦の覇権獲得戦争との決定的な違いです。このあたりの事情は「東西文明論」の重要論点ですので、私としても相当突っ込んだ研究をおこない、2021～22年に2本の論文を書いています。参考文献リストに掲げていますので、ご関心のある方はぜひご覧ください。

特に、この点を特別に強調したいのは、この特徴が「古代奴隷制」を脱した後の欧米にもしっかりと引き継がれていることで、それがために欧米は15世紀から19世紀の前半に至るまで再度、同じシステムを構築しています。アフリカなどからの大量の奴隷狩りで、もっと言うと、上述しました現代の「外国人労働依存」がその本質においてやはり同じシステムの再構築であることが知られます。

　もちろん、たとえば「東洋」の日本が戦前期に周辺諸国に対しておこなったことはやはり「侵略」であって、「収奪」でした。が、その周辺諸国で（鉱産物の取得を含む）生産活動をおこなわせ、その成果を収奪するという形式をとったもので、人間を連れてくる、という形式をその主要な内容とするものではありませんでした。こう言うと、日本国内の炭鉱などで多くの労働者を死ぬまで働かせた実態を無視していると言われそうですが、とはいえ、それが日本的「収奪」の中心ではなかった、炭鉱などという特殊な部面に限られていた、とやはり私は考えています。そして、そのこと以上に重要なのは、そうした「西洋的方法」と「東洋的方法」を違《たが》わしめた決定的な原因です。

　というのはこういうことです。古代ローマでも現代の欧米でも、その「搾取」の対象は本国の発展レベルと圧倒的な差があり、したがって占領地で人々を働かせても大した量の余剰を得られませんでした。そのため彼らは労働力として自国に連れてきて働かせ、そこから搾取するほうが合理的と見たわけです。

　ですが、この構造は東洋とはまったく違っています。戦前期の日本帝国主義から見た時、中国や朝鮮は劣った発展水準にあったとはいえ、アフリカのような地域とは根本的に異なりますので、効率的な収奪には、連れてくるよりもその地で生産をさせてその余剰を奪ったほうがましに見えました。ここでは諸国間の発展水準（マルクス経済学ではこれを生産力水準と言います）の差が判断の決定的な基準となっていることがわかります。

ですので、もしそうならば、現代において「外国人労働者を連れてくる」にも、先進国と途上国の経済格差がそれなりに大きなものでなければならなくなります。つまり、逆に言うと、途上国のキャッチ・アップによる生産力格差の縮小は外国人労働力の流入を阻害する、ということになるのです。

先に私は現代の欧米も周辺諸国の経済発展を不利益としていると述べましたが、それにはこうした構造的な原因があったということです。

「欧米的」にならない日本の道は

こうした視点で日本の位置をふり返って見た時、古代においても戦前においてもそうですが、現代においても周辺諸国との経済格差が非常な勢いで縮んでいるという特徴が目立ってきます。私に言わせると、これは戦後の日本が周辺諸国に敵対的でなかったという事情（たとえば中国の経済発展にも相当に貢献しました）や、労働力面での「閉鎖性」が幸いして外国人労働力を求めてこなかったという事情の帰結ですが、問題なのは、ここにきて周辺諸国に敵対的な欧米型の道を歩み始めているということです。

人口不足のもとで「客観的」にそのような社会構造となってきているというのが根本原因

でもありますが、ネット上の周辺諸国へのヘイト的な書き込みを見ると、その方向への変化が着実に始まっているようにも見えます。軍事費をGDP比2%にして「敵国に備えよ」と言う論調は、もう実際にその方向に踏み出してしまっているのではないかとも思えます。私の上記の分類によれば、それは「欧米への接近」となります。

もちろん、逆の方向でそれら周辺諸国との友好的な関係を求める人々も増えるでしょう。韓国の平均賃金が日本を上まわるようになり、中国でももうすぐ沿海都市部がその段階に達するのは目に見えています。過去の貧乏な時代の中国や韓国を知らない若者たちが対等な国家関係としてそれら諸国と接しようとするのは、いわば自然なことです。過去において私たちは東南アジアの一国一国を日本と比べものにならない小国だと思っていましたが、少なくとも人口的にはそれらほぼすべての国が日本を上まわるようになって、広義の東アジアでは、中国を別にして、他はほぼ似たサイズの諸国が並ぶ、ヨーロッパのような国家間関係になっていくでしょう。そうした国家間関係が東アジアにおいては不可避となり、よって少しでも早く、それを受け止め、それへの秩序ある移行が準備されなければなりません。

ただし、その時、今まで日本の底辺労働を支えていた外国人労働者はいなくなるわけですから、日本の労働力構成はどのようになるのでしょうか。今まで日本人がやりたくなかった仕事を日本人自身がやらねばならなくなるのですから、もっとひどい格差社会となっているのでしょうか。本書では前章で「新自由主義」が資本主義に根深く染みついていると述べましたので、実際にそのような可能性はあると思います。

ですが、同時に、そうなればいよいよ日本人の中で人口の再生産ができない社会階層を増やしてしまうので、そもそも本書が課題としている人口減の克服はできません。それどころか加速するばかりでしょう。ですので、ここでどうしても必要となるのが、やはり平等な社会を築く、ということです。その真逆の道もあるのですが、人口減で滅びる道を選ばないのであれば、どうしてもそうでなければならないということです。

これはもちろん、真の意味で困難な道です。しかし、私は「平等はコストではない、格差こそコストだ」という考え方を前章で提示し、それをもって資本主義からの脱却と呼びました。今、日本はそうした選択を余儀なくされるに至っているのだと思います。

第10章　資本主義からの脱却へ

少子化対策は大衆のアヘンである

本書では縷々、人口減脱却のために社会の根本的転換、つまり体制的な転換が不可欠であることを述べてきました。その趣旨は、現在の「少子化対策」などという次元のものでは駄目だ、というところにありますので、あまり「具体策」のようなものは本書では論じていません。ただ、この問題を小学習会などで論じると、参加者からはどうしても「具体策を言ってくれ」との要望が出てしまい、私としては少々戸惑ってしまいます。本書で言いたかったのは、そうした個別政策の次元の問題ではなく、求められる転換がいかに根本的なものでなければならないのか、ということにあったからです。

もう少し申しますと、格差と貧困の問題は庶民に冷たく企業利益を優先する政府の根本的姿勢にも問題がありますが、それにとどまらず、企業内で低賃金構造を打破できない労働組合の弱さ、そもそも企業と闘う気のない労組幹部の姿勢、社会に根強いジェンダー差別、その逆の表れとしての男性への過重な期待（このために低所得の男性が結婚できずにいる）、結婚しても子供を育てられるだけの広さのない都市のマンション、そうしてしまった不動産資本、不動産資本をそうしてしまった実業回避の経済体質などなどに起因しています。

このうち、特に、あまり論じられない都市部マンションの狭さについてのみ補足させていただきますと、これはそもそも日本の「都市」の考え方自体に原因があるのではないかと私には思えてきます。本書の第5章で少し言及しましたように、江戸後期の都市は人口を生み出す場ではなく、ただ農村部からの人口供給によって初めて成り立っていました。そして、その後の近代も資本主義部門の人口増の大多数は農村部から供給されたものでした。

こうした住宅問題は、その重要性にもかかわらずあまり議論されていませんので、もう少し述べさせていただくと、欧米の都市が一戸建てを基本として成り立っていることを思い起こさせます。各国の空港に降り立つとき、いつも見る風景がそれで、日本との違いを目にすることになります。他方の中国や旧ソ連圏などの集合住宅も、その間取りが子持ち家族を単位としたものであるということが重要です。しばらく「一人っ子政策」を採用していた中国も毛沢東時代は多産を推奨していましたから、このようになっています。日本の住宅はそもそものコンセプトとして親が複数の子供を育てる場としてつくられていないのです。

また、この住宅問題としては、その家賃の高さも深刻な問題です。逆に言うと、こうだからこそ小さな部屋にしか人々が住めなくなっているわけです。私の住む東京都港区地域では単身者世帯向きの2部屋マンションでは築40年でも16万円程度の家賃となっています。ここに住もうとする単身者は、最低でも30万円の月収が必要です。結婚して子供を2人もうけようとすれば、この家賃では済みませんから、夫婦共働きで80万円は必要でしょう。

実際、港区に住む家庭はそんな感じでしょうが、ともかく申し上げたいのは、家計支出の中に占める家賃支出ないし住宅ローンの重みです。合計特殊出生率を2・95まで引き上げたといって有名になった岡山県奈義町の魅力も、実は「子育て支援」より家賃の安さだと言われています。「子育て支援」として挙げられる諸施策に世間の関心が集中しがちであるがゆえに強調しておきたい論点です。

ただし、ここでこの住宅問題を述べたのはひとつの例にすぎません。労働組合の弱さ、労組幹部の姿勢……として挙げた諸問題のひとつの例にすぎないのであって、日本社会の構造をまるまるひっくりかえさなければ解決はできないということです。それは、要するに労働者が資本家に比べて圧倒的に弱い立場におかれているということ、日本社会において資本の力があまりに強すぎることとまとめられるように思うのです（ジェンダー差別もその本質は「男性の女性への支配」というより、雇用差別で利益を得たい企業側に原因があると私は理解しています）。不動産価格の問題に戻れば、不生産的部門で金儲けをしようとするようになった現代資本主義の問題であるということです。

世間で論じられている「少子化対策」がいかに表面的か。子供を持ちようのない社会層がどんどん膨れ上がっている中で、そうした基本的な社会構造を問題にせず、したがって、低い組合組織率、闘おうとしない組合、根強いジェンダー差別、金融・不動産への投資先のシフトも議論しないのでは、問題の本質をただ曖昧《あいまい》にするだけと言わざるを得ません。

「脱成長コミュニスト」として大活躍の斎藤幸平さんは『人新世の「資本論」』（集英社新書、2020年）で「SDGsは『大衆のアヘン』である！」と喝破されていますが、それとまったく同じ意味で「『少子化対策』は『大衆のアヘン』である！」と言えることになります。斎藤さんのこの書物では、目的とする課題をこなせないものの、その「アリバイ作り」として「目下の危機から目を背けさせる効果」を持つものが「アヘン」と呼ばれています。マルクスが「資本主義の辛い現実が引き起こす苦悩を和らげる『宗教』を『大衆のアヘン』だと批判した」（同書4ページ）のと同じだとの趣旨からです。

子供をサポートする目線の児童手当になっているか

とはいえ、だからといって「少子化対策」自体が間違っている、と言っているわけではありません。これは斎藤さんが「温暖化対策」自体を止めてしまえと言っているわけではないのと同じで、むしろ逆にその強化こそが求められます。この点では、子供への社会保障給付が北欧諸国の3分の1ほどしかない状態の解消は話の大前提です。

たとえば、「はじめてママ」というウェブサイトの記事（https://hajimete-mama.jp/sweden-syoushika/）ではスウェーデンの少子化対策がまとめられており、それと日本の対策を比べると次のようになります。日本の制度はこの記事が書かれた２０１８年12月以降に、だいぶ変化していますのでアップデートして示しますが、スウェーデンのほうはアップデートできていません。その可能性をご理解のうえ、お読みください。

まずは、育児休業制度ですが、次のようになっています。

【日本】
- 子供が１歳になるまで（特例で最大２歳まで）
- 対象は一般雇用者、有期雇用者（パートや派遣社員）
- 最初の半年は育児休業中給与の67％保証、７ヵ月目以降は50％

【スウェーデン】
- 子供が８歳になるまで、または基礎学年１年終了するまで
- 両親合わせて４８０労働日（約２年分）

（配偶者に譲ることのできない父母それぞれの60労働日を含む）
・給料の80％保証（３９０日育児休業により得られなかった分）
・残り90日分は日額６６０円保証（２０１８年為替レートで）
・2年以内に次の出産をした場合は時短労働でも前の子の出産直前の給料の8割保証

「育児のつらさ」の半分まではそれによって仕事ができなくなることですが、それは1年で終わるわけではありません。この圧倒的に異なる差異は何なのかと思ってしまいますが、ともかくこうしてスウェーデンではこれだけの期間、退社することなく安心して子育てに専念できるようになっています。

次に出産手当ですが、次のとおりです。

【日本】
・産前6週間＋産後8週間
・支給開始日までに1年以上働いた労働者に標準報酬月額の67％支給。それ以下の場合は、月額28万円ないし30万円
【スウェーデン】

・出産前後の各7週間

この点に限っては、日本のほうが対策は充実しているように見えますが、実態はそうでもありません。スウェーデンには父親にも60日間の出産休暇がとれる制度があるからですが、それにとどまらず、日本の場合は、ゼロ歳児保育の未整備を反映しているのではないでしょうか。東京都港区の場合も、ゼロ歳児が保育所に入所するのは春に限られているため、若い夫婦はそれに合わせて子供を産むという出産調整に一生懸命ということです。困ったことです。

最後に、「児童手当」についての比較です。

【日本】
・中学校3年生終了まで
・所得制限あり
・3歳未満月1万5000円、3歳以上1万円（第3子以上は1万5000円）
【スウェーデン】
・16歳未満まで

- 所得制限なし
- 第2子まで毎月1万4000円、第3子は1万7000円、第4子は2万4000円、第5子は2万7000円
- 子供が17歳以上でも学生の場合は延長児童手当を児童手当と同額支給
- 扶養控除などなし

教育費は子育てで最大の「コスト」で、その中でも最も高額となるのは大学・大学院（!）です。[1]スウェーデンはその問題にちゃんと対応しているのですが、日本はそうではありません。日本でなら「大学院まで行く金持ちが優遇されるのはなぜか」なんて意見が聞こえてきそうですが、実際に教育を受けるのは親世帯でなく子供のほうです。彼らの目線で彼らの勉学こそをサポートすべきとの考えがあるかどうか、言い換えれば、貧乏人は限られた教育しか受けられなくて当然と思うかどうかの考え方の違いが表れていると言わざるを得ません。こうした視点の問題は非常に重要なので、後でもう一度論じることとします。

なお、以上では「待機児童」の問題、言い換えますと保育所整備の問題は論じられませんでしたが、ある意味、そうした問題こそが共働き世帯にとって最も緊急の問題として存在します。この問題が放置されたもとで人々が安心して子供をつくれなくなっているのですが、

その充実度にも両国間で天と地ほどの差があることだけを付記しておきます。

本書の趣旨からすれば「少子化対策」は根本的な解決策ではなく、部分的・暫時的な「対策」にすぎません。ですので、実はこのスウェーデンを含む北欧諸国における出生率も大きく低下していて、フィンランドに至っては日本とほぼ同じ水準にまで落ちています。

企業行動への国家の強制介入も必要に

したがって、これら「少子化対策」の不十分性もしっかり見ておく必要がありますが、その一方で、今紹介しました諸対策には、今一度吟味しておくべき特徴があります。

そのひとつは、これらの政策のいくつかは政府の「給付」にとどまっていないということです。これはスウェーデンの例ではなく、フランスの例ですが、「給付」の形で子育て世帯などに支給される基金は「全国家族手当金庫」と呼ばれて、企業にも出資義務があることとなっています。

また、もっと重要なのは、育児休業期間における賃金や社会保険料などの拠出を企業に強

1 現在、日本で子供を大学まで出させようとすると、すべて公立の場合にも820万円、すべて私立だと2300万円がかかると試算されています。

制しているということです。つまり、ここでは、国家が誰かからお金を取り別の誰かに支給するというような単なる「所得再分配」（これにはトマ・ピケティが提唱した「資本税」なども含まれます）だけではなく、国家による企業の直接的な強制措置が正当化されています。

資本主義は本来、私有財産権の不可侵性を基本として成り立ってきたものですから、その財産の処分方法に（税を除いて）国家は本来関与できないはずです。が、その支出方法について国家が強制する、一時的にせよ働いていない者に賃金を払い続けさせるということをするわけですから、ある意味、これは非常に大きな意味を持ってきます。

この「社会化」が直接的な国家的強制によってなされているわけで、「社会主義」がこれまで「国家主義」として理解されるようになっていたこととの理由もこれで知ることができます。ともかく、「リベラル左派」の思想をすでにこの時点で越えているということです。

ただし、実のところ、こうした企業行動への国家介入は今回が初めてではなく、たとえば最低賃金制度の導入に際してもはっきりと存在していました。最低賃金法とは企業資金を労働者にどれだけ支払うかに関する強制措置であるからですが、これを企業側が許容したのには、個別の企業だけで賃上げをおこなうとその企業が市場競争の中で不利になるからです。進んだ企業は自分がしているのと同じことを他の企業にも要求し、それによって競争上不利にならないようにしなければなりません。今回の場合は、育児休業中の賃金の支払いについての競争上の公平さを担保するために企業側もこの政策に合意した、ということになります。

子育て世代への所得再分配は結婚できない人を貧困に導く

2つ目の特徴として重要なのは、ここでの広義の「育児補助金」の本質が貧者と富者の間の「所得再分配」ではなく、現役世代全体から子供世代への「再分配」であるということです。

これはスウェーデンの各種給付が「所得制限なし」でおこなわれていることにも表れていますが、子供が大学院まで進んだ家庭に「児童手当」を支給するというのは、前に触れたように大学院生の親への支給ではなく、大学院生自身への支給であると考える以外に正当化できる方法はありません。つまり、ここでなされているのは親世代の間の平等を目的とした「所得再分配」ではなく、子供世代の間での平等を確保するためのものだということです。

しかし、この点で実に後進的な日本の場合なら、大学院まで子供を行かせられる家庭への補助がなぜ必要なのか、所得の逆再分配ではないか、との反応がありそうですし、実際に韓国ではそのような「逆再分配」への強い批判が存在しています。

私は中国の寧夏回族《ねいかかいぞく》自治区で貧困家庭の訪問調査をおこない、そこでひとり娘を国家の全

図10-1　政府による所得移転が子供の貧困を逆に拡大している日本

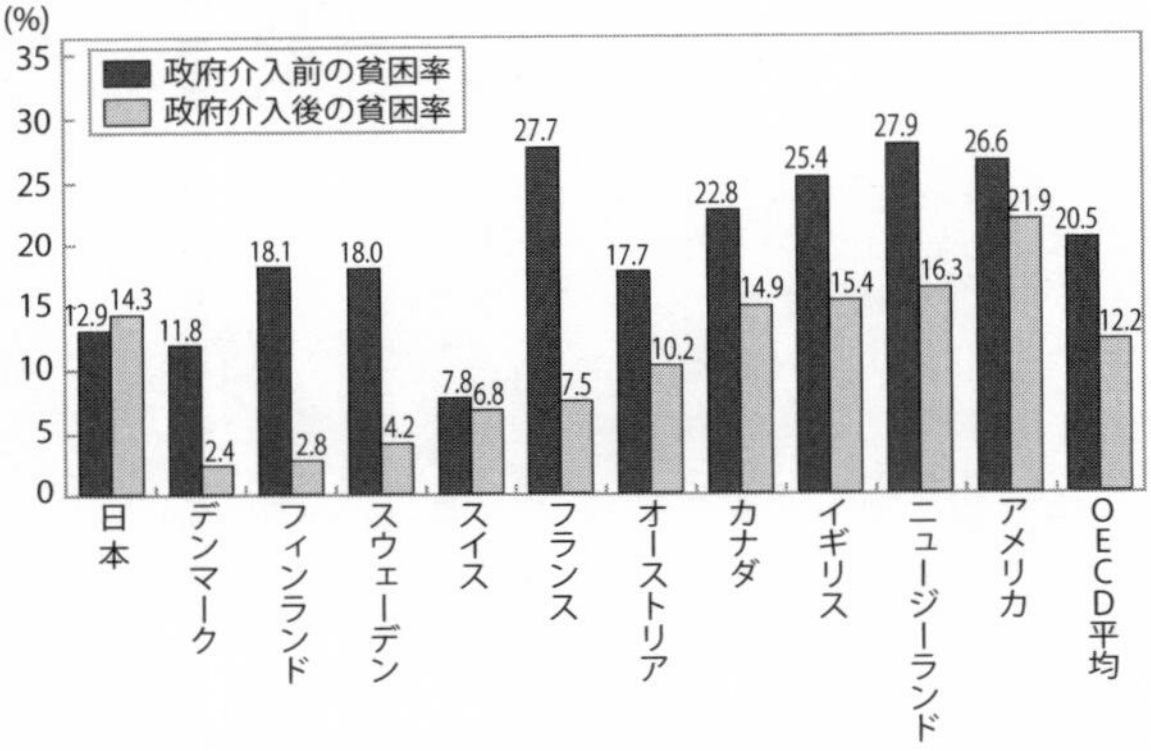

出所）UNICEF（2005）“Child Poverty in Rich Countries 2005”および『OECD日本経済白書2007』中央経済社、2007年より作成
山野良一『子どもの最貧国・日本』光文社新書、2008年

額補助によって名門清華大学の大学院にやっている貧困家庭を訪問したことがありますが、スウェーデンでも（学力さえクリアーできれば）親の所得と関係なく希望者が進学できることは当然となっているのでしょう。スウェーデンでは、「親ガチャ」という言葉はないのではないでしょうか。

したがって、「子供の貧困」に関するかぎり、スウェーデンの「所得再分配」はかなり充実したものとなっており、その様子は元児童相談所職員であった山野良一さんが『子どもの最貧国・日本』（光文社新書、２００８年）で作成された**図10－1**によっても綺麗に示されています。デンマークやフィンランドとともに、子供の貧困率が「政府介入」によって大幅に引き下げられていることがわかります。第1章で少し詳しく論じたフランスもこの「政府介入」の効果が大きいことがわかります。

しかし、この図で何よりも問題となるのは、私たちの国日本の「政府介入」がまったく逆の効果を持っていることで、何とこの「政府介入」で子供の貧困率は逆に上昇している（！）ということです。そして、どうしてこのようなことが生じるのか、と考えた場合に先述の「逆再分配」が問題となります。

実際、この図を描かれた山野さんの分析でも、もともと児童手当の額が少額なうえに、現行の税控除や児童手当の制度などが格差解消を目的としたものでないことが原因しているとされています。つまり、ごくごく簡単に言えば、本来なされるべき所得の平等化政策が不十分である時、「少子化対策」それ自身は所得の逆再分配策となってしまうということです。

本書にとって非常に重要な論点なので、強調させていただきますが、子育て世帯への大幅な「所得再分配」は当然、貧困ゆえに非婚となり、子供をもうけられない人々から、「豊か」なために結婚もでき、子供ももうけられている世帯への「逆再分配」とならざるを得ません。

ですので、こうして新たな種類の「福祉政策」が、教育支援や共働き家庭支援などと進んでいけばいくほど、「最低辺層」は「再分配原資」の一方的な提供元とされてしまうことになります。本当は彼ら彼女らこそが結婚にたどり着き、子供を持てるようにならなければ「少子化」からの脱却ができないにもかかわらず、彼ら彼女らをより貧困に導き、結果として更なる少子化を進めてしまっているのです。図10-1を見る限り、日本はそうした負のループに陥っている可能性があります。

実際、この30年間の日本の「子育て支援策」をふり返って見た時、共働き世帯支援のための保育サービスの提供や育休制度の導入などが進んだものの（たとえば今、厚労省は育休取得率の公表義務を課す対象企業を増やそうとしています）、一方では本書第2章で見たような格差社会化の進行のために結婚できない層、子供をつくれない層を大幅に増やしてしまったと総括する専門家も現れています。参考文献リストに挙げました松田茂樹さんや李蓮花さんの書物や論文です。

また、2022年に発表された「出生動向基本調査」では大卒女性が産む子供の数が19年ぶりに増加したことが明らかとされ、有配偶女性に限った場合の出生率が1990年以来上昇し続けているとの研究もあります（データは2010年まで。小峰隆夫＋21世紀政策研究所『実効性のある少子化対策のあり方—日本の世界史的な役割』第1章結論、経団連出版、2015年）。ただし、その間にも非正規労働者たちの貧困化による「非婚化」は進行し続けていますから、今、この問題で何に焦点が合わされるべきかがわかります。

貧困を前提とした社会政策では目的は達成されない

ちなみに、こうした「福祉政策のパラドックス」について、ジェンダー平等化政策を例に社会福祉論の世界的大家エスピン゠アンデルセンは次のように主張しています。

「……議論の核心は、革命が未完であればある分だけ、その結果としてもたらされる不平等が大きいということである。いくつかの側面で、二極化を語ることが妥当だろう。こうしたことが起こる第1の理由は、この革命が、高い教育を受けた特権的な階層の女性によって先導されているということである。革命は、社会階層の下のほうにまで真に浸透して、ようやく成熟の段階に入るのであり、それが、より平等主義的な成果をもたらすための前提条件となる。乱暴にいってしまえば、ジェンダー平等の追求は、それが中流階級だけに止まっている限りは、社会的不平等を生みだしがちなのである」（『平等と効率の福祉革命――新しい女性の役割』岩波書店、2011年、172～173ページ）

以上、スウェーデンの「少子化対策」に大学院進学者までの「児童手当」が含まれていることを議論の出発点として「福祉政策のパラドックス」を論じましたが、もちろん、このことによってこうした高等教育への就学補助などをなくすことが推奨されるわけではありません。それらを推進しつつ「パラドックス」をなくすことが求められているのであって、結局、それは貧困自体が解決されなければならない、その解消なしにパラドックスから抜け出せないのだということです。

実のところ、この点が本書でも最も重要な主張となりますが、マルクス主義の「政策論」とはこういうもので、それを最も端的に示したマルクス主義の文献は、エンゲルスの『住宅問題』という短い冊子（特にその第3編）になります。これは都市の貧民窟から貧民を追い出すことで疫病の発生などを防ぐという政策を批判したもので、エンゲルスは、それはまた別の所に貧民窟を移動させるだけであり、そのため抜本的な解決は搾取の廃止による貧困の撲滅でなければならないと主張しました。貧困の存在を前提としたままの「社会政策」では少子化を克服できない。その前提自体を否定しなければならないという本書の主張と同じです。

ネット上の「百科事典マイペディア」によって「社会民主主義」を調べてみますと、そこでは「富の再配分による平等化をめざす政策」を典型的な政策とするものとして紹介されていました。したがって、ここでの私の主張はそうした「所得再分配」の前に考えられるべき、解決されているべき問題を提起したということになりましょうか。「少子化」に戻して言えば、子育てや教育などが「社会化 socialized」されるだけではなく、その前提として完全な「平等化 equalized」がなければならないということです。本書第8章で私が「共産主義社会（equalized society）」と名付けた社会が前提とされなければならないと述べたのはこのためです。

格差が廃止された社会とはどういう社会か

しかし、もちろん、このような話をすると非現実的とか、生産性を阻害するとか、そういう批判を受けることになります。それを考えれば考えるほど、本書の目標である「合計特殊出生率2・07の回復」というものに絶望を感じるのですが、その一方で、日本の「少子化対策」を他の先進国並みにしたとしてもそれで回復できる合計特殊出生率は0・3ポイント程度だろうということにも読者は合意いただけると思います。日本がその程度に生まれ変わっても、そこで実現できる合計特殊出生率は1・6程度であって、それではやはり遠い将来には「人口ゼロ」に帰結してしまうということです。

つまり、いつでもいいのですが、いつかは2・07まで合計特殊出生率を戻さなければならない。そして、それはどのような社会か、についての考えを現代の経済学は持ち合わせなければならないということです。

私の場合の結論は以上に縷々書いたとおりですが、これはまさしく「資本主義を超える」という話ですから、本質的には第4章で論じた問題に戻ります。「機械が最も重要な生産力」である時代から「ヒトこそが最も重要な生産力」である時代となり、労働条件の改善を各企業が競うことになるほどの変化が伴わなければならないということです。

実際、端緒的部分的ではあっても、経済的基礎過程でのこうした変化が生じていることは事実です。たとえば、今、転職ビジネスに企業が相当な資金を投入せざるを得なくなっているのも、「機械」より「ヒト」こそが重要となっているとの認識が背景にあります。

また、グーグルでは、勤務時間の20％は自身のプロジェクトに充てる「20％タイム」という勤務ルールが導入されていますが、この背景には、こうした「あそび」こそが真に有益な発想の源であるとの認識があります。労働者をこき使う働かせ方ではなく「ヒトを大切にすること」こそが大事となれば、現在のような貧困問題は解消され、経済の「発展」と貧困の撲滅とを同時に進めることができるはずです。

こうした関係は専門的な労働経済学者にも関心の払われる分野となり、いくつかの実証的な論文が現れるに至っています。

代表的な論文には、慶應義塾大学の山本勲さんと松浦寿幸さんが書かれた英文のジャーナル論文がありますが（参考文献リストに掲げています）、その論文では、労働条件改善のための（企業社会ではこのことを「ワーク・ライフ・バランスの改善」と表現します）組織の設置や長時間労働是正の組織的な取り組み、非正規労働者の正規化の制度の導入、法を上まわる介護（育児）休業制度の導入が、①従業員３００人以上規模の中堅大企業、②製造業、③長期雇用の傾向の強い企業、④性別均等待遇をしている企業や成果主義を導入している企業で、生産性を中長期的に改善させる傾向があることが示されました。これは、経済産業省の「企業活動基本調査」とそれを補完する企業アンケート調査をリンクさせた1292社のデータの分析によるもので、大変包括的なものです。どのような特徴を持った企業に特にその傾向が見られるかを特定しているという意味でも重要です。

また、労働条件の改善が生産力的にも重要となるのは技術的にも進んだ企業においてであるとの趣旨から、IT技術の活用と労働条件改善措置との関係を深めた論文に専修大学の櫻井宏二郎さんの論文があります（これも参考文献リストに掲げています）。そこでは、総じて労働条件改善の生産性効果がIT技術の導入による効果と相乗的に作用していることが明らかとされましたが、そこで「労働条件の改善」として検討の俎上《そじょう》にのせられたものが「育児のための短時間勤務制度」と「介護のための短時間勤務制度」でしたので、本書が扱うテーマと深い接点があります。

IT技術の活用が勤務時間のフレキシビリティーをもたらすとの趣旨ですが、示された計算結果では「法定を上まわる育児休業制度」や「法定を上まわる介護休業制度」には効果がなかったとなっていて、このあたりが日本における労働条件問題の現状を表しているとも言えます。「ヒトこそが最も重要な生産力」である時代になるには、まだまだ課題が多いということになります。

ただし、先のグーグルに代表されるような創造性や革新性を要求される米英独仏印5ヵ国の企業を対象に研究をしたアチャリヤ、バグハイとスブラマニアンによる国際共同研究は、格差をなくした高賃金こそが高生産性の条件であることを示していて重要です（参考文献リストのAcharya, Baghai, Subramanian（2013）参照）。

世の中には、そして上記の山本勲さんと松浦寿幸さんの論文でも、労働時間に給与を連動させるのではなく、「成果」に連動させることが重要だとの考えが広く存在していますが、よくよく考えると「成果」にこだわった技術革新ではリスクの高いアンビシャスな研究に技術者は手を出さなくなります。したがって、こうした分野では、「成果主義」は駄目で、格差のない高賃金こそが重要だとの結論を統計的に導いています。「成果主義」の逆を行くものなので、「格差がない」ことこそが重要ということです。

もちろん、これらの「実証」も経済のごくごく一部での現象にすぎませんし、上の例はどれも産業や仕事内容、さらには企業規模ごとに異なることを示しています。正直、これがこの弱点なのですが、他方では最近、2023年1月11日にファーストリテイリング（ユニクロ）が国内従業員の給与を最大で40％も引き上げると発表し、この発表で株価を上げたというニュースがありました。これは労働条件を下げることで企業業績をよくするのではなく

（カルロス・ゴーンはその道を採りました）、逆に条件の改善によって企業業績をよくできることがＩＴ系でも技術開発系でも製造業でもない分野でも示されたわけで、私に言わせれば、この変化はまだまだ広がる可能性を持っています。ユニクロは平社員と店長・部長クラスの給与格差が大きいことでも有名ですが、こと今回の発表に関する限り、格差縮小で株価を上げたことになります。

ユニクロの社員とは、ただ店舗で機械的に働いているわけではありません。来られたお客さんひとりひとりを即座に見分け、それぞれに合った洋服を提案できる能力が求められているわけで、その能力にとっても収入的かつ時間的な「あそび」が重要だと思われるからです。

豊かな生活をしていない従業員には豊かな生活が提案できない。豊かな生活を提案できるためには従業員自身が豊かな生活をできていなければならない。そういう問題です。なお、これに似た例はニトリにも見られると聞いたことがあります。家具店の従業員もまた、豊かな生活空間を提案できなければならないからです。

いつか必ず来なければならない転換

以上、本書の最終章として「資本主義からの脱却」を少しでもイメージできるよう試みてみましたが、そこにはまだ多くの「空想的」な部分が残っていることを認めざるを得ません。残念ながら、それは事実です。

ですが、本書本文の最後に、やはりここでどうしても述べておかなければならないのは、そのように多少「空想的」とも思われるほどの根本的な社会の転換なしに合計特殊出生率の2・07への回復はありえないということです。そして、その2・07への回復ができなければ（資本主義というものがそういうものであるならば）、遠い将来には現在のアフリカも含めて「人口ゼロ」の脅威にさらされることになります。

ですので、まさにここで理論家として私が言わなければならないのは、人類がいつの日にか真に「持続可能」となるためには、やはり私が描いたような社会がどうしても来なければならないということ、それが何百年先かはわからないものの、必ず必要である、ということです。何百年もたってしまうと、日本人口自体は軽く数百万人台まで縮んでしまっているでしょうが（大雑把に言って現在の減少スピードは100年で半分ですので、400年経つと700万人にまで縮みます）、私の「イメージ」に何らか空想性があったとしても、理論的には必ずそうでなければなりません。

そのために、最後にひとつ、若者が結婚し、子供を持ちたいと考えるようになるための2つの条件について書きます。それは、子供を持っている他人を見てうらやましいと思えるという条件と、自分もまたそれになりうると思えるという条件です。

実際、結婚をしたり子供を持ったりしている友人を見て、その生活が苦しそうなら独身ないし子なしを選択するでしょう。彼らが本当にうらやましく映る社会でないと子供を持ちたいとは思いません。また、たとえうらやましく見えても、自分の所得がそれを可能にするようでなければ諦めるしかないでしょう。

したがって、本書本文を閉じるに当たって改めて述べたいことは、この2つの条件ともに貧困をなくすことだということです。単純な、つまり表面的な「対策」ではとても追いつかないことを、この意味で再度強調させていただきたいと思います。

補論　港区、足立区区議選で競われた少子化対策

2023年の統一地方選挙は、4年前の前回と打って変わって少子化対策・若者支援が大きく問われることとなった選挙でした。日本政府が少子化社会対策大綱を制定したのは2020年ですので、前回の2019年統一地方選挙の後です。そのため、前回に比べて今回選挙の直前にこども家庭庁が設置されるなど、大きく状況の変わった選挙となり、私の住んでいます東京都港区の区議会選挙でもこの点で目立った特徴が表れています。何と、候補者57人中の28人までが子育て支援、子供支援を政策のトップに掲げ、新たに当選した9人中7人

表10-1　2023年東京都港区と足立区の区議選における「子育て子供支援」公約者の比率と当選割合

	港区	足立区
全候補者（うち女性）	57（21）	64（19）
全体としての当選比率	60％（34/57）	70％（45/64）
子育て子供支援をトップに掲げた候補の比率	49％（28/57）	34％（22/64）
上のうち当選者の比率	64％（18/28）	68％（15/22）
上のうち女性の比率	50％（9/18）	53％（8/15）
全当選者のうちの女性比率	41％（14/34）	36％（16/45）
子育て子供支援をトップに掲げた女性候補の当選比率	75％（9/12）	80％（8/10）
新人当選者のうち子育て子供支援をトップに掲げた候補の比率	44％（4/9）	45％（5/11）

が「若者、子育て」を前面に掲げていました。ちなみに、前回選挙では、子育て・子供支援を掲げたのは全候補者54人中19人で、当選した新人候補者5人の中では3人にとどまっていました。

そこで、ここではほぼ同時におこなわれました足立区の区議会議員選挙と比較してみたいと思います。港区と足立区は東京23区内で平均所得の点で最も対照的な区としてよく比較対象とされるからですが、結果として見出されたのは、両者の対照性とともに、類似の特徴でもありました。まずは、その結果をまとめた**表10－1**を見てください。

ここで見られますように、この表では各候補の選挙公報を分析して「子育て子供支援」を公約のトップに掲げたかどうかで各候補を分類していますが、そうするだけで簡単に当選できるほど選挙がなまやさしいものでなかったことは、分析の前提にしなければなりません。両区において子育て子供支援をトップに掲げた候補の当選比率は全体としての当選比率とそう変わりません。

しかし、実は、両区において、上位当選を果たした話題の新人はそのほぼ全員がこの分野の政策を前面に押し出した候補でした。自身がゲイであることを明かしつつ、すべての子供に1000万円の支給が必要だと説いた慶應大卒の31歳の候補は新人ながら2250票を集めて港区議会選で4位で当選し（諸派）、足立区で新人トップで当選した維新の会の女性候補は経済的理由で大学進学を諦めたくやしさを告白しつつ6283票をとっています。この他、子供食堂の活動から「元シングルマザー」を売りに4501票をとったれいわ新選組の女性候補も選挙戦では目立っていました。今、世間で注目を集めている諸問題がここに凝縮されていると見ることができます。

ですので、この政策を掲げさえすれば当選できるわけではなくとも、以上のような経歴を持ち、少なくとも同時に女性であることもアピールできさえすれば、当選確率はぐっと上昇しています。港区の場合、子育て子供支援を政策のトップに掲げた女性候補12人のうちの9人が当選し、足立区の場合には10人中8人が当選しました。平均的な当選比率を大きく上まわっていることがわかります。ちなみに、2019年の前回選挙の場合、子育て・子供支援をトップに掲げた女性候補者は港区で7人中7人が当選、足立区では4人中1人の当選となっていました。

以上は両区に共通している特徴ですが、両区の違いにも面白い特徴があります。それは、そもそも子育て子供支援をトップに掲げた候補の比率がかなり違っていることで、足立区ではほぼ3分の1であったのが、港区はほぼ半数となっています。候補の半数までがこの政策をトップに掲げたというのは非常に大きなことで、住民の間でこの点での要求がいかに渦巻いているかを知らしめます。政党的に言えば、これに最も鈍感なのは自民党で、そのためもあるのでしょう。特に足立区の自民党は候補19人のうちこの政策をトップに掲げたのは3人にとどまり、結果として7人までが落選しました。足立区の選挙で最も負けたのは自民党でした。

ただし、この政策への志向性が港区においてより強いというのも重要な特徴で、臨海部のタワー・マンションで子育て世代が集住しているという事情も反映されています。港区のこのエリアのマンションに移ってくる世帯はほとんどが共働きであるとともに（だからこそ子育て支援への要求が強い）、結婚できない、ないし子供を持てない層ではなく、子供を持っているが支援が不足している、という階層であるからです。港区では子育て支援策を「所得制限なし」ですべしと明確に主張する候補が8名もいましたが、そうした事情を反映しているものと思われます。候補者が港区より多い足立区ではその数は3人にとどまっていました。

この政策には第10章中段で述べたのと同質の悩ましい問題もあります。前に述べましたように、この子育て支援策の原資たる税を支払う世帯には、貧困ゆえに結婚できない人々や子供をつくれない人々が含まれているからで、それがゆえに、港区の旧社民党系の候補は唯一所得制限付きの子育て支援を公約に書き込みました。この方は子供食堂で貧困家庭の子供たちと一緒に活動されている方で私もよく知っていますし、この気持ちは痛いほどわかります。区議会選挙で「完全なる平等化」を叫んでも仕方がないので、それを前提とした時、「所得制限なし」の施策はあまりにも「所得逆再分配すぎる」との実感を持たれたのだと思います。

実際、私自身もこの評価には迷います。そして、かなりの程度に貧困層を支持層にしていると思われるれいわ新選組の足立区の候補はまったく逆に「所得制限なし」を主張しました。どこまでこの問題を深く考えたのか不明なところがありますが、まずは判断の難しい、そういう問題であるということのみを確認しておきたいと思います。

私は第10章で、より重要なのは経済格差の解消、貧困の解決それ自体だと述べましたが、とはいえ、「少子化対策」それ自体に反対しているわけではない、むしろ強調しているということを前提に、です。

以上は東京23区という小さな地域内の比較にすぎませんので、全国各地ではそれぞれに特徴ある分析ができるものと思います。私自身も選挙公報をしらみつぶしに読み切ったのは今回がはじめてです。読者の皆さんにも、そういう視点から自分たちの地域を見直してもらえればと思いました。

あとがき

読者の皆様には、本書をここまで読み進めてくださり、本当にありがとうございます。

私自身は、この11年間、慶應義塾大学経済学部で「マルクス経済学」の講義を担当してきましたから、その背景をもって本書のようなタイプの「マルクス的説明」をすることとなりましたが、違和感はありませんでしたでしょうか。

「共産主義」を equalized society と言い換えるのは比較的常識に近いと思いますが（第8章）、「社会主義」を socialized society と捉え（第7章）、「資本主義」を生産活動において「機械」＝「資本」が重要になった時代と定義する（第4章）のは私の「マルクス経済学」の特徴となっており、他の「マルクス経済学」とちょっと違った印象を持たれたと思います。そこのところを突っ込んでみたいと考えられる読者には、ぜひ私が慶應義塾で使用している私の教科書（『マルクス経済学（第3版）』慶應義塾大学出版会、２０２０年）に挑戦していただければと思います。

本書はそれらの視点から人口という大テーマに迫ったもので、その意味で、私の教科書の最良の補完物になっていると私は考えています。第6章で述べましたが、「生命の再生産」は通常の経済学が扱う「物質の生産」と対になる関係にあるからです。

そのため、私は授業で扱えないこの問題をいつかはしっかりとまとめる必要を強く感じ続けてきました。これは実を言うと、もう20年以上も前からの話で、本書でも何度か登場する青柳和身さんとの出会いから得られた考え方です。

慶應義塾に異動する以前、私は京都に住んでいましたが、そこで私が主宰していた基礎経済科学研究所の小さなゼミでお会いした青柳さんが「生命の再生産」の研究に晩年マルクスが集中した趣旨をとうとうと語られていたからです。私はこの考えに同意し、いずれ本格的に自説を展開したいと考えていましたが、永らく実現できずにいました。その一端は、私の教科書の最初の注に「本書では『生命の再生産』は扱っていない」と書いたところに表れています。扱えていない問題をあえて示したのは、それがきわめて重要な問題であることを読者にまず知ってもらうためでした。

とはいえ、「生命の再生産」の問題、人口の問題を重視すべきと考え続けてきましたので、全面的ではないにしてもいくつかの局面で人口の問題を扱ってきました。その教科書でも第6章でボズラップの人口圧理論を扱い、第4章ではマルクスの相対的過剰人口論を数理モデルの形式で扱っています。特に前者は青柳さんとの上記のゼミでボズラップ著『人口圧と農業―農業成長の諸条件』を一緒に読んだことを基礎としています。人口圧が農業の技術選択を規定するという議論で、こうなると「史的唯物論」次元の議論をしなければならなくなります。そのために、その教科書では大きく取り上げました。

また、私は2021年に編集出版しました『マルクス派数理政治経済学』(慶應義塾大学出版会)という書物で、ローマ帝国の「市民」と「奴隷」の人口が相互に依存しつつ対立しているさまを、これまた数理モデルとして表現・分析しました。これは慶應義塾の当時の私のゼミの大学院生・吉井舜也君との共著の形式で書いています。本書でも第9章で少し「ローマ帝国論」が登場しますが、このあたりもこの研究と関わっています。

さらに言及すると、本書第3章で言及しました趙彤君は青柳さんと知り合った頃に前任校である京都大学で指導した院生で、彼の研究テーマが「人口モデル」となったのにはこういう事情がありました。ですので、こうした皆さんとの永い研究上の交流がありました。ここに記して感謝したいと思います。付言しますと、最後の第10章末で言及した労働条件問題の諸研究は慶應義塾大学助教の小林流基さんに紹介していただいたものです。

この他でも、私が現在住む東京都港区で作っています「マルクス経済学学習会」の場で、元都立看護学校長の松原定雄さんが本書に関するいくつかの情報提供をして下さったこと、慶應義塾の私のゼミの元院生・李晨さんに日中韓3国の出生率と高等教育進学率のグラフを作っていただいたことも記さなくてはなりません。そして、最後に、この出版の話を持ちかけてくださったフリー編集者の角田裕育さんと講談社から本書の編集作業にお骨折りいただいた唐沢暁久さんにもお礼申し上げなければなりません。ありがとうございました。

人口問題はいよいよ深刻な問題になっていますが、状況を見るに、これはどう見ても進行する貧困問題の裏返しの問題であります。こうして「人口問題」とは社会の縮図です。これをきっかけに、この問題が他の諸問題（たとえば国際問題）と分かちがたく結びついていることに世間の関心が向かえば、と期待しています。

読者へのお礼に代えて。

2023年8月　　　　大西　広

参考文献

青柳和身「晩年エンゲルスの家族論はマルクスのジェンダー認識を継承しているか」『経済科学通信』第121号、2009年
青柳和身『フェミニズムと経済学：ボーヴォワール的視点からの『資本論』再検討（第2版）』御茶の水書房、2010年
青柳和身『マルクス晩年の歴史認識と21世紀社会主義』桜井書店、2021年
大西広「生産力の歴史的性格について」『経済理論学会年報』第28集、1991年
大西広『マルクス経済学（第3版）』慶應義塾大学出版会、2020年
大西広編著『マルクス派数理政治経済学』慶應義塾大学出版会、2021年
大西広「東洋的専制と西洋的奴隷制―西洋帝国主義の民主主義的起源」『政経研究』第117号、2021年
大西広「国家奴隷制、家父長制的奴隷制と国家農奴制、封建農奴制―古代ギリシャ・ローマ論との関わりでの中村（1977）再読」『新しい歴史学のために』第300号、2022年
大西広「西洋的価値の挑戦を受ける中国」丸川知雄・徐一睿・穆尭芊編『高所得時代の中国経済を読み解く』東京大学出版会、2022年
置塩信雄「相対的過剰人口の累進的生産の論証」『経済』1973年9月号
河合雅司『世界100年カレンダー　少子高齢化する地球でこれから起きること』朝日新書、2021年
鬼頭宏「徳川時代農村の人口再生産構造：武蔵国甲山村、1777-1871年」『三田学会雑誌』第71巻第4号、1978年

鬼頭宏「近世農村における家族形態の周期的変化」『上智経済論集』第27巻第2、3号　1981年
鬼頭宏『人口から読む日本の歴史』講談社学術文庫、2000年
鬼頭宏『2100年、人口3分の1の日本』メディアファクトリー新書、2011年
国立社会保障・人口問題研究所『日本の地域別将来推計人口』厚生労働統計協会、2018年
国立社会保障・人口問題研究所『第16回出生動向基本調査』厚生労働統計協会、2022年
小峰隆夫＋21世紀政策研究所『実効性のある少子化対策のあり方―日本の世界史的な役割』経団連出版、2015年
斎藤幸平『人新世の「資本論」』集英社新書、2020年
櫻井宏二郎「IT、WLBと生産性」内閣府経済社会総合研究所『平成20年度ワーク・ライフ・バランス社会の実現と生産性の関係に関する研究：研究報告書』2009年
千田有紀『日本型近代家族：どこから来てどこへ行くのか』勁草書房、2011年
総務省『就業構造基本調査』日本統計協会、2018年
髙崎順子『フランスはどう少子化を克服したか』新潮新書、2016年
趙彤「内生的人口成長、子育て費用および経済成長」『大阪経大論集』第53巻第4号、2002年
内閣府『2022年版少子化社会対策白書』日経印刷、2022年
中川スミ「家事労働と資本主義的生産様式―私的・無償労働としての家事労働の性格づけをめぐって」『高田短期大学紀要』第5号、1987年
西谷正浩『中世は核家族だったのか』吉川弘文館、2021年

速水融監修、内務省・内閣統計局編『国勢調査以前日本人口統計集成　別巻1』東洋書林、1993年
古田隆彦『人口波動で未来を読む：100年後日本の人口が半分になる』日本経済新聞社、1996年
松田茂樹『［続］少子化論―出生率回復と〈自由な社会〉』学文社、2021年
水野和夫『資本主義の終焉と歴史の危機』集英社新書、2014年
森田朗監修、国立社会保障・人口問題研究所編『日本の人口動向とこれからの社会』東京大学出版会、2017年
山田昌弘『結婚不要社会』朝日新書、2019年
山野良一『子どもの最貧国・日本』光文社新書、2008年
李蓮花「男性稼ぎ主型からの『離陸』と再生産の階層化」『週刊社会保障』第3203号、2023年1月23日
R・J・バロー、X・サラ・イ・マーティン著（大住圭介訳）『内生的経済成長論Ⅱ（第2版）』九州大学出版会、2006年
イエスタ・エスピン゠アンデルセン著（大沢真理監訳）『平等と効率の福祉革命』岩波書店、2011年
エスター・ボズラップ（安澤秀一・安澤みね共訳）『人口圧と農業―農業成長の諸条件』ミネルヴァ書房、1991年
カール・マルクス『資本論』大月書店「マルクス゠エンゲルス全集」版、同国民文庫版、新日本出版社版、岩波書店版など
ロバート・マルサス（高野岩三郎・大内兵衛訳）『初版　人口の原理』岩波文庫、1935年
フリードリヒ・エンゲルス『住宅問題』「マルクス゠エンゲルス全集」版、岩波文庫版、国民文庫版など

Acharya, Viral V., Ramin P. Baghai and Krishnamurthy V. Subramanian (2013) "Labor Laws and Innovation," *The Journal of Law and Economics*, vol.56, no. 4, pp.997-1037.

Deevey, Edward S., Jr. (1960), "The Human Population", *Scientific American*, vol.203, no. 9, pp.195-204

Isamu Yamamoto and Toshiyuki Matsuura (2014), "Effect of Work-Life Balance Practices on Firm Productivity: Evidence from Japanese Firm-Level Panel Data", *The B.E. Journal of Economic Analysis & Policy*, volume 14, issue 4.

制作協力　角田裕育
図版作成　ワークスプレス

大西 広

1956年生まれ。1980年京都大学経済学部卒業、1985年京都大学大学院経済学研究科博士後期課程修了。1989年京都大学経済学博士。1985年立命館大学経済学部助教授、1991年より京都大学大学院経済学研究科助教授、同教授を歴任。2012年より慶應義塾大学経済学部教授。2022年3月31日慶應義塾大学定年退職、同年慶應義塾大学名誉教授。世界政治経済学会副会長。主著に『マルクス経済学(第3版)』(慶應義塾大学出版会)、他にマルクス経済学や中国問題に関する著書多数。

講談社+α新書 870-1 C

「人口《じんこう》ゼロ」の資本論《しほんろん》

持続不可能になった資本主義

大西《おおにし》 広《ひろし》

2023年9月20日第1刷発行

発行者――― 髙橋明男

発行所――― 株式会社 講談社

東京都文京区音羽2-12-21 〒112-8001

電話 編集(03)5395-3522

販売(03)5395-4415

業務(03)5395-3615

デザイン――― 鈴木成一デザイン室

カバー印刷――― 共同印刷株式会社

印刷――― 株式会社KPSプロダクツ

製本――― 牧製本印刷株式会社

KODANSHA

定価はカバーに表示してあります。

落丁本・乱丁本は購入書店名を明記のうえ、小社業務あてにお送りください。

送料は小社負担にてお取り替えします。

なお、この本の内容についてのお問い合わせは第一事業本部企画部「+α新書」あてにお願いいたします。

Printed in Japan

ISBN978-4-06-532833-0

講談社＋α新書

60歳からのマンション学　日下部理絵
マンションは安心できる「終の棲家」になるのか？「負動産」で泣かないための知恵満載
990円 849-1 C

2050 日本再生への25のTODOリスト　小黒一正
人口減少、貧困化、低成長の現実を打破するために国家がやるべきたったこれだけの改革！
1100円 850-1 C

民族と文明で読み解く大アジア史　宇山卓栄
国際情勢を深層から動かしてきた「民族」と「文明」、その歴史からどんな未来が予測可能か？
1320円 851-1 C

世界の賢人12人が見た ウクライナの未来 プーチンの運命　クーリエ・ジャポン編
ハラリ、ピケティ、ソロスなど賢人12人が、戦争の行方とその後の世界を多角的に分析する
990円 852-1 C

「正しい戦争」は本当にあるのか　藤原帰一
核兵器の使用までちらつかせる独裁者に世界はどう対処するのか。当代随一の知性が読み解く
990円 853-1 C

絶対悲観主義　楠木建
巷に溢れる、成功の呪縛から自由になる。フツーの人のための、厳しいようで緩い仕事の哲学
990円 854-1 C

人間ってなんだ　鴻上尚史
「人とつきあうのが仕事」の演出家が、現場で格闘しながらずっと考えてきた「人間」のあれこれ
968円 855-1 C

人生ってなんだ　鴻上尚史
たくさんの人生を見て、修羅場を知る演出家が考えた。人生は、割り切れないからおもしろい
968円 855-2 C

世間ってなんだ　鴻上尚史
中途半端に壊れ続ける世間の中で、私たちはどう生きるのか？　ヒントが見つかる39の物語
990円 855-3 C

奇跡の小売り王国「北海道企業」はなぜ強いのか　浜中淳
ニトリ、ツルハ、DCMホーマックなど、北海道企業が各業界のトップに躍進した理由を明かす
1320円 856-1 C

その働き方、あと何年できますか？　木暮太一
ゴールを失った時代に、お金、スキル、自己実現を手にするための働き方の新ルールを提案
968円 857-1 C

表示価格はすべて税込価格（税10%）です。価格は変更することがあります